MÉMOIRE

SUR LA

SITUATION DE L'INDUSTRIE

DES

TULLES UNIS DE COTON

EN FRANCE.

DOCUMENTS POUR SERVIR A L'ENQUÊTE PARLEMENTAIRE

DE 1870

DOUAI

Imprimerie DUTHILLŒUL et LAIGLE, 12, rue des Procureurs.

1870

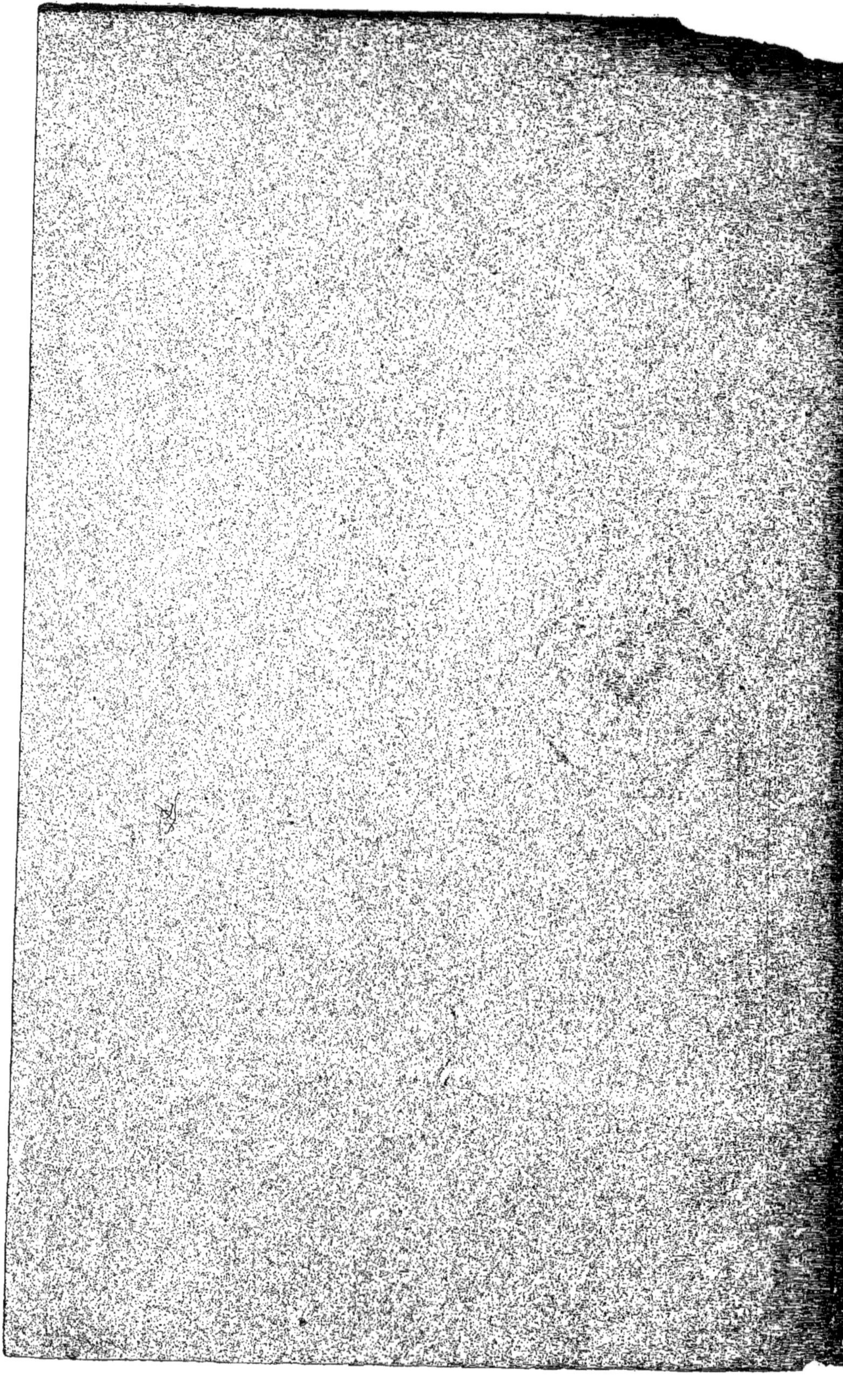

MÉMOIRE

SUR LA

SITUATION DE L'INDUSTRIE

DES

TULLES UNIS DE COTON

EN FRANCE.

DOCUMENTS POUR SERVIR A L'ENQUÊTE PARLEMENTAIRE
DE 1870.

DOUAI

Imprimerie DUTHILLŒUL et LAIGLE, 12, rue des Procureurs.

1870

L'Industrie des Tulles Unis, cruellement atteinte par le traité de commerce de 1860 et 1861 avec l'Angleterre et la Belgique, croit devoir soumettre à l'appréciation de Messieurs les Députés les principaux documents qu'elle a réunis dans cette brochure.

Lettre adressée le 5 février 1868 , par M. Bailey ,
au Ministre de l'agriculture , du commerce et des travaux publics :

Monsieur le Ministre ,

Appelé en 1860 à prendre part à l'enquête qui a suivi la conclusion du traité de commerce avec l'Angleterre, j'ai, comme tant d'autres industriels, signalé à la commission les désastreuses conséquences qu'aurait nécessairement pour l'industrie des *tulles unis*, cet acte du pouvoir exécutif.

Comme je le faisais observer alors , l'industrie des

tulles unis avait, à la sollicitude toute spéciale du gouvernement, des droits d'autant plus fondés qu'elle es
généralement représentée par des ouvriers qui, à force
de travail persévérant et d'intelligente économie , ont
réussi à devenir patrons à leur tour et à se créer dans
la société une position honorable.

Cette seule considération aurait dû mériter aux
documents que nous avons soumis au conseil su-
périeur du commerce , un accueil plus favorable et
attirer sur eux l'attention sympathique du gouvernement qui met sa gloire à améliorer la condition des
classes laborieuses ; il n'en a malheureusement pas été
ainsi , et , malgré les preuves dont nous avions eu soin
de les appuyer , nos réclamations n'ont rencontré que
des contradicteurs.

Aujourd'hui la majeure partie des fabricants de
tulles unis sont ruinés ou menacés de l'être Ils ont vu
dépérir , en quelques instants , un capital amassé par
vingt-cinq années de labeur et d'épargne.

Je veux , monsieur le ministre , vous éclairer, s'il en
est temps encore , sur la situation présente de l'industrie des tulles unis en France.

Ni l'achat en Angleterre , ni la construction dans nos ateliers de nouveaux et larges métiers, ni la transformation coûteuse d'un certain nombre d'autres ni, la simplification apportée à leur marche , ni les économies sans nombre introduites dans les frais de fabrication et dans les frais généraux , rien n'a pu conjurer le mal. En 1860, il y avait en France 790 bons métiers à tulles unis ; en février 1868 , il en reste 370, dont une moitié chôme complètement, et l'autre moitié ne fonctionne guère que six heures au lieu de vingt-quatre.

En ce qui me concerne personnellement , je possède 30 métiers entièrement neufs , larges métiers pour la plupart. Ils ne travaillent que très-irrégulièrement.

J'occupais 230 ouvriers ; j'ai dû en congédier 140 , qui ne vivent , pour ainsi dire , plus que de la charité publique.

Nos magasins à tous sont encombrés de marchandises.

Il serait trop long , monsieur le ministre , de vous énumérer les causes principales et directes de cette déplorable situation , un fait la résume : de 1848 à

1860, le nombre de métiers à tulle dans le Cambrésis, à Lille et à Douai, s'accroissait chaque année. Depuis ce funeste traité de commerce, le nombre en est diminué de plus de moitié. Progrès de toutes sortes, sacrifices de toute nature, tout a été impuissant à arrêter l'invasion des tulles anglais. Les fabricants d'Angleterre essayant, par un suprême effort, de ruiner absoment notre industrie, offrent en ce moment leurs produits à des prix de faillite.

Je me borne, monsieur le ministre, à ce résumé trop éloquent dans sa brièveté. L'industrie des tulles unis, comme toutes les autres, ne demande que la lumière et la vérité. Dans sa bonne foi, dans sa conviction profonde, elle réclame une solennelle enquête, enquête *sérieuse* cette fois, qui précédera les résolutions du gouvernement au lieu de les suivre, et qui, j'en ai l'assurance, lui démontrera l'impérieuse nécessité de dénoncer, à son expiration, un traité de commerce ruineux pour l'industrie, sans aucun avantage pour la consommation.

J'ose espérer, monsieur le ministre, que vous voudrez bien prendre en considération les réclamations énergiques d'une industrie qui , livrée sans obstacles à son élan naturel , produirait annuellement des tulles pour une somme d'au moins douze millions , dont les trois quarts se répartiraient en salaire entre plus de dix mille ouvriers.

Veuillez, agréer, etc.

Alfred BAILEY ,

Fabricant de tulles, à Douai.

Voici la réponse de M. Forcade de la Roquette :

A Monsieur Bailey, manufacturier à Douai.

Paris, 27 février 1868.

Monsieur, par la lettre du 5 de ce mois vous appelez mon attention sur la situation de l'industrie des tulles unis dans le département du Nord. Après avoir signalé les efforts faits par les fabricants pour créer et améliorer cette industrie, vous ajoutez que le nombre des métiers qui, en 1860, était de 790, n'est plus, en 1868, que de 370, et que, même, plus de la moitié de ceux-ci chôment complètement, et les autres ne fonctionnent guère que six heures par jour au lieu de vingt-quatre. Vous attribuez cette situation au traité de commerce conclu avec l'Angleterre , et vous affirmez l'espoir que le gouvernement procédera à une enquête sérieuse qui démontrera l'impérieuse nécessité de dénoncer , à son expiration , un traité de commerce ruineux pour l'industrie , sans compensation pour le consommateur.

Pour répondre à vos allégations , je ne puis mieux faire , monsieur , que de placer sous vos yeux les faits tels qu'ils ressortent des états officiels du commerce de la France. Il résulte de ces états, que les importations de tulle de la nature de ceux qui font l'objet de votre fabrication qui , en 1864 , représentaient 1,465,000 francs , figurent , en 1867 , pour une valeur de 1,384,000 francs seulement. Il n'est donc pas exact de dire que l'importation étrangère a progressé.

Si , maintenant , je compare le chiffre de nos exportations à l'époque où , d'après vous , le nombre des métiers était en voie de progression , c'est-à-dire en 1860 , avec l'année 1867 , où leur nombre aurait diminué de plus de moitié , on voit que les exportations qui, en 1860, s'élevaient à une valeur de 3,209,000, représentent aujourd'hui une somme de 4,107,000 francs.

En présence de ces résultats, qui s'appliquent non à telle ou telle localité, mais à l'industrie du pays, vous reconnaîtrez, je ne doute pas, monsieur, après un examen plus attentif des faits, que le malaise dont vous vous plaignez saurait être d'autant moins imputé au traité de commerce conclu avec l'Angleterre, que la crise industrielle et commerciale a sévi, dans ce pays, au moins autant qu'en France.

Recevez, monsieur, l'assurance de ma parfaite considération

Le ministre de l'agriculture, du commerce, etc.

De Forcade.

M. Bailey a refuté en ces termes les arguments
officiels :

A Son Excellence Monsieur le Ministre de l'Agriculture,
du Commerce et des Travaux publics.

Monsieur le Ministre ,

Votre Excellence m'a fait l'honneur de répondre
par une fin de non-recevoir presque absolue à la lettre
que j'ai pris la liberté de lui adresser le 8 février
dernier , pour l'éclairer sur la situation de l'industrie
des *tulles unis de coton* en France. Qu'elle me per-
mette de lui témoigner le douloureux étonnement où

m'a jeté cette réponse , et de lui exposer en peu de mots les raisons qui me déterminent à persévérer dans mon opinion et surtout dans mes demandes.

J'ai eu l'honneur d'affirmer à Votre Excellence que le nombre des métiers à tulles unis de coton qui , en 1860 , était de 790, n'est plus en 1868 , que de 370, et que plus de la moitié de ceux qui subsistent aujourd'hui ne fonctionnent guère que 6 heures au lieu de 24. Votre Excellence ne contredit pas cette allégation d'un fait malheureusement trop palpable ; j'en conclus qu'elle le tient pour avéré et que, par conséquent , elle ne nie pas les souffrances de l'industrie des tulles unies.

Ce que Votre Excellence ne veut pas admettre , c'est que ces souffrances doivent être attribuées au traité de commerce avec l'Angleterre , et elle m'oppose quelques chiffres tirés des états officiels du commerce de la France. Sans contester absolument la véracité de ces chiffres, je me permettrai de vous faire observer , Monsieur le Ministre , qu'ils n'ont pas été soumis à un débat contradictoire , et que les agents chargés de les établir peuvent s'être trompés de la meilleure

foi du monde : la statistique est la moins infaillible
des sciences humaines. Mais , même en les tenant
pour exact , je ne puis accepter les inductions qu'en
tire Votre Excellence. Votre Excellence me dit qu'en
1864 , les importations étrangères de tulles représentaient 1,465,000 fr., et qu'elles ne figurent sur les
états officiels de 1867 , que pour une somme de
1,384,000 fr., (1) qu'il est donc manifeste que les
importations anglaises n'ont pas augmenté. Mais Votre
Excellence néglige un élément décisif, la différence
entre le prix des tulles en 1864 et en 1867 En 1864 ,
le prix des tulles était de 50 pour 0/0 plus élevé qu'en
1867. En effet, le rack (240 mailles) de tulle d'une
qualité de vente courante qui, en 1864, se vendait
1 fr. 15 c., s'est vendu, en 1867, de 60 à 65 c. Si donc
les importations de 1867 ne sont inférieures à celles

(1) A ce chiffre de 1,384,000 francs il faut ajouter 415,000 fr
importance des déclarations atténuées de 30 0/0. — En prenant
la base des chiffres officiels ce serait donc une importation de
1,800,000 fr. alors que la fabrication française en est tombée de
14,000,000 à environ 3,000,000.

2

de 1864 que de 81,000 fr. , soit un dix-huitième , je suis fondé à prétendre qu'en réalité, et vu la différence des prix , elles se sont accrues dans la proportion énorme de près de moitié. Vous voyez , Monsieur le Ministre, que mes chiffres n'aboutissent pas au même résultat que les calculs officiels.

Votre Excellence, comparant ensuite les exportations de tulles français en 1860 avec celles de 1867, soutient en vertu des mêmes documents , qu'elles s'élevaient en 1860 à 3,209,000 fr., et qu'elles atteignent aujourd'hui la somme de 4,107,000 fr., ce qui constituerait une augmentation de 98,000 fr., mais je crois pouvoir affirmer à Votre Excellence que pas une pièce de tulle *uni de coton* n'est sortie de France depuis 1860. La concurrence anglaise que nous rencontrons sur tous les marchés de l'Europe comme sur le nôtre , et les tarifs que nous avons à subir à l'étranger, nous ferment absolument tout débouché au dehors. Si des tulles français ont été exportés, ce ne peut être que des tulles de soie ou des tulles de fantaisie ; mais je ne fabrique que des *tulles unis de coton*, et je ne parle à Votre Excellence que de cette sorte de produits.

Ces considérations me paraissent péremptoires et je les maintiens avec toute l'énergie dont je suis capable. Mais puisque Votre Excellence n'est pas convaincue de la légitimité de nos plaintes, puisqu'elle nous croit dans l'erreur quand nous nous croyons dans la vérité, je persiste plus que jamais dans la demande d'enquête que j'ai eu l'honneur de lui adresser. La bonne foi du gouvernement n'a certainement pas plus d'objections à y faire que la nôtre. Tous nous cherchons la vérité, ce n'est pas en nous opposant de part et d'autre des affirmations nécessairement trop sommaires que nous parviendrons à la découvrir. Nous ne pouvons la demander qu'à une sérieuse enquête qui, cette fois, reposerait, non plus sur des hypothèses comme celle de 1860, mais sur une expérience de huit années. Seule, une enquête nous permettrait de vous soumettre avec détail et précision nos chiffres et nos calculs, d'indiquer au gouvernement les mesures dont nous attendons un soulagement pour nous et surtout pour nos malheureux ouvriers, de rechercher si, par exemple, notre salut ne dépend pas de l'établissement d'un droit spécifique à l'importation au lieu d'un droit *ad valorem*, droit qui nous donnerait une protection égale à celle qui couvre une industrie plus puissante et plus favorisée que la nôtre, la filature de cotons, droit enfin qui nous mettrait à l'abri de ces fausses déclarations si fréquentes et si difficiles à atteindre pour les articles dont la valeur varie de 50 centimes à 6 francs par mètre carré.

En faisant droit à une demande aussi légitime, le gouvernement n'engagerait en aucune façon sa liberté d'action, et il nous permettrait de l'éclairer sur un point très-important et très-peu étudié jusqu'à ce jour, à savoir les relations de l'industrie des tulles unis avec la filature de coton anglaise et française. Il désarmerait en même temps la calomnie, et il imposerait silence à la présomption de certains industriels qui prétendent que le gouvernement a raison de ne pas se préoccuper des intérêts d'une industrie aussi peu importante que la nôtre et qu'il peut sans péril les sacrifier à la leur propre.

Tant de raisons décisives ne peuvent manquer de frapper l'éminent esprit de Votre Excellence, et c'est avec une entière confiance dans le succès de ma demande que je vous prie, Monsieur le Ministre, de

daigner agréer l'hommage des sentiments respectueux
avec lesquels j'ai l'honneur d'être,

De Votre Excellence,

Le très humble et très-obéissant serviteur,

Alfred BAILEY.

Douai, le 25 mars 1868.

Les fabricants de tulle de l'arrondissement de Cambrai ont, à leur tour, adressé la pétition suivante au Ministre de l'Agriculture, du Commerce et des Travaux publics

A S Exc. M. le Ministre de l'Agriculture, du Commerce et des Travaux publics.

Monsieur le Ministre,

Les fabricants de tulle uni en coton de l'arrondissement de Cambrai viennent vous faire connaître les causes du malaise qui frappe si péniblement leur industrie.

En janvier 1864, nous vous avons exposé la situation malheureuse faite à notre industrie par le traité de commerce avec l'Angleterre. A cette époque , sur 470 métiers en pleine activité avant le traité , et qui occupaient environ 3,000 ouvriers et ouvrières , il n'y avait déjà plus que 150 métiers en activité et travaillant la moitié de la journée ; actuellement 100 métiers travaillent à peine la moitié du temps, et ce nombre diminue tous les jours.

Malgré le chômage d'une grande partie de nos métiers, et le peu de production des autres, nous sommes encombrés de marchandises que nous ne saurions écouler même avec une perte de 25 p. 100 , parce que les produits similaires anglais viennent remplacer les nôtres sur nos marchés et cela ne doit pas être surprenant , car on estime que les Anglais produisent quinze fois plus qu'ils ne consomment.

Avant le traité, il y avait dans le Cambraisis 180 fabricants de tulle uni , en partie d'anciens ouvriers ; depuis 1869 la moitié de ce nombre a disparu, la plupart ayant perdu leurs économies de 25 ans d'un pénible travail, plus la valeur de leurs métiers a été réduite de 75 à 80 p. 100.

Ces faits, M. le Ministre, ne se sont jamais produits avant 1860. Ni la guerre de Crimée, ni la crise financière américaine de 1857, qui a été la cause de tant de perturbation dans le commerce européen, ni la guerre d'Italie, ne nous ont mis dans la nécessité de faire chômer aucun de nos métiers.

Dans les premières années de la mise en pratique du traité de commerce, on nous disait sans cesse d'améliorer notre outillage, plusieurs d'entre nous ont fait venir d'Angleterre des métiers du système le plus perfectionné, ont monté des machines à vapeur et fait conduire deux métiers par un seul ouvrier ; ils n'ont pu, dans les meilleures conditions de fabrication, lutter contre les fabricants anglais.

Nous avons la conviction, Monsieur le Ministre, que le traité de commerce est la seule cause de notre ruine. Nous n'hésitons pas à demander au gouvernement, par votre organe, que le traité de commerce soit dénoncé en temps utile.

Nous avons l'honneur d'être, Monsieur le Ministre, vos très-humbles et obéissants serviteurs.

(Suivent les signatures.)

Les ouvriers tullistes de Caudry ont exposé en ces termes leur situation à l'Empereur :

A SA MAJESTÉ NAPOLÉON III.

SIRE ,

Les malheureux ouvriers tullistes de Caudry ont l'honneur d'exposer respectueusement à Votre Majesté la déplorable situation dans laquelle ils languissent depuis 1860.

Leur profonde misère se trouvant intimement liée au traité de commerce conclu avec l'Angleterre , ils en demandent instamment la suppression.

Durant ces dernières années , Sire , des efforts sérieux ont été tentés pour entrer avantageusement en lutte avec nos concurrents ; ils n'ont servi qu'à révéler notre impuissance, la trop grande production de nos adversaires les détermine à exporter leur excédant de marchandise n'importe à quel prix C'est ainsi qu'ils inondent de leur tulle le marché français, et obligent nos patrons non-seulement à abaisser nos sala res, mais encore à réduire le nombre d'heures de travail.

Avant 1860, notre condition était prospère. A cette date, nous comptions à Caudry 140 patrons, qui devaient pour la plupart une honnête aisance à de rigides économies, car presque tous étaient d'anciens ouvriers.

Nuit et jour, Sire, 350 métiers fonctionnaient dans notre heureuse commune, où un travail toujours régulier et largement rémunéré réclamait deux mille paires de bras.

Les temps sont, pour nous, bien changés !... chaque année des ateliers se ferment, et nos patrons qui avaient jadis endossé la blouse d'ouvrier ont dû la reprendre : le traité de commerce avec le Royaume-Uni leur a fait perdre le fruit de 25 années de travail, et, aujourd'hui , notre activité n'est alimentée que par une centaine de métiers qui , encore , ne fonctionnent que la moitié du temps. Deux ouvriers sur trois se trouvent sans travail , dans ce moment où les vivres sont hors de prix.

Nos plaintes , Sire , sont arrachées par la souffrance , et nous vous prions de ne pas considérer notre supplique comme un murmure.

Tous , nous savons que vous voulez le bien-être des classes laborieuses , et nous sommes sûrs que vous apporterez à notre sort un prompt et efficace remède.

Nous sommes avec le plus profond respect , Sire , de Votre Majesté ,

Les fidèles serviteurs et obéissants sujets.

(Suivent les signatures).

Caudry , janvier 1864.

Ainsi donc , patrons et ouvriers unis dans une pensée commune , demandent la dénonciation du traité de commerce.

Le chef de l'État avait déjà , dit-on , porté son

attention sur ces graves questions : on pensait qu'en présence de ces nombreuses revendications une solution conforme à nos intérêts interviendrait, il n'en a rien été.

(Note du *Moniteur industriel*).

Déjà le 20 février 1868 , la Chambre consultative des Arts et Manufactures de l'arrondissement de Douai avait adressé à M. le Ministre du Commerce et des Travaux publics la lettre suivante :

Monsieur le Ministre ,

L'industrie de l'arrondissement de Douai a pris, dans les six dernières années , un développement considérable. La valeur de sa production qui était, en 1860, de 55 millions , s'est élevée à 100 millions en 1866.

Aussi , jusque dans les premiers mois de l'année 1867 , non-seulement tous les ouvriers étaient occupés et les salaires élevés, mais la main d'œuvre faisait même défaut.

Cette situation si favorable n'existe plus aujourd'hui, la filature de lin , le tissage , les ateliers de construction , les mines de houille ont réduit notablement leur travail. La terrerie et la plupart des autres industries n'écoulent leurs produits que difficilement et à des prix qui ne sont pas rémunérateurs. S'il n'y a pas encore un grand nombre d'ouvriers inoccupés , il y a du moins une grande réduction dans les heures du travail et par suite dans les salaires , et cet état de choses va en s'aggravant tous les jours.

En vous signalant , Monsieur le Ministre , le changement dans la situation industrielle de la circonscription , la Chambre consultative croit de son devoir d'appeler l'attention du gouvernement sur la position faite à l'industrie en général par la nouvelle législation commerciale.

Les traités de commerce ont pour résultat immédiat de rendre nos industries solidaires de toutes les *crises partielles ou générales* qui se produisent dans les industries des pays avec lesquels nous avons conclu ces traités.

Ils fixent pour un temps très long les tarifs, qui peuvent bien être abaissés, mais ne peuvent *jamais* être relevés, quelque intérêt que puisse y avoir le pays tout entier, soit dans des cas particuliers pour le maintien de certaines grandes industries spéciale ment atteintes, soit dans des circonstances générales, lorsque, comme aujourd'hui, il importe avant tout de donner du travail aux ouvriers. Bien plus, ces tarifs par l'établissement des droits *ad valorem*, produisent cet étrange résultat, que plus le prix de la marchandise est avili, moins les droits d'entrée sur cette espèce de marchandise sont élevés, c'est-à-dire que plus l'industrie qui la produit est en souffrance, moins elle est protégée.

En admettant même que notre industrie nationale doive renoncer à toute protection, encore serait-il sage et équitable qu'elle fût préalablement dotée des moyens de rendre égale la lutte contre l'industrie étrangère. Parmi ces moyens se recommandent particulièrement l'amélioration des voies de communication intérieure et l'adoption de toutes les mesures propres à amener une diminution des frais de transport, ce grand écueil de notre industrie inhérent à la topographie même de la France.

Dans la pensée de la Chambre , la plus efficace de ces mesures est la suppression des droits de navigation sur les canaux. Elle est d'une importance majeure pour le Nord et aurait pour résultat infaillible, la réduction immédiate des tarifs des chemins de fer.

A l'approche du moment où le traité conclu avec l'Angleterre pourra être dénoncé, les considérations exposées ci-dessus méritent, pensons-nous , l'examen bienveillant et attentif du gouvernement. Il y a pour le pays un intérêt de premier ordre à ce que le gouvernement n'aliène pas son action pour un temps aussi considérable et ne s'engage pas dans la voie des traités nouveaux sans une enquête sérieuse sur les besoins de l'industrie , sur les effets qu'a produits la législation commerciale de ces dernières années.

Cette enquête sur une question aussi vitale, d'où dépend la prospérité ou la ruine de la France industrielle , le gouvernement lui même doit la désirer , il doit tenir à ce que tous les intérêts soient admis à se défendre et ne puissent plus se plaindre d'avoir été sacrifiés sans avoir été entendus. Nous osons même espérer que , renonçant à trancher par sa seule initiative une question aussi grave et aussi complexe , il laissera à une loi de douane le soin de consacrer les résultats de cette enquête solennelle.

Tels sont , Monsieur le Ministre , les vœux que la Chambre consultative de Douai a l'honneur de vous prier de vouloir bien soumettre au gouvernement de l'Empereur , à l'occasion de la situation profondément critique dans laquelle se trouvent actuellement l'industrie et le commerce de la France.

Veuillez agréer , etc.

VUILLEMIN , président ; HANOTTE , BAILEY , BOULANGER-DELANNOY , BUTRUILLE , CUILLIER , FIÉVET , PAIX , PATOUX , PICOT , Louis DUPONT , membres.

Nous trouvons dans le *Moniteur Industriel* du
1ᵉʳ mars 1868 , dirigé par M. ALEX. DURANT , un
article fort intéressant sur l'industrie des tulles unis
dans le département du Nord. C'est un document
précieux qui trouve tout naturellement sa place ici.

―――――

« L'industrie des tulles unis employait, avant 1860,
à Cambrai et aux environs, près de 500 métiers dont la
valeur moyenne était de 6,000 fr., soit trois millions.
Cette fabrication s'exerçait dans quatre communes des
environs de Cambrai : à Caudry , il y avait environ 350
métiers ; à Inchy-Beaumont , 107 ; à Beauvois et quelques communes environnantes 40 à 50. Les ouvriers
tullistes recevaient un salaire relativement élevé et la
plupart des fabricants étaient d'anciens salariés.

» En 1860 , les tarifs furent révisés : les droits pour les tissus devinrent *ad valorem* et ceux pour les fils spécifiques.

» A l'aide de déclarations fausses , l'importation ne paya que des droits minimes et le marché français devint peu à peu le tributaire de la fabrication anglaise. Il y a un fait qui montre le peu de souci de la douane pour les producteurs français : Il y a quelque temps , on expédiait de Nottingham des caisses contenant des tissus , cet envoi a été rendu au destinataire habitant Paris sans avoir été visité (1).

» Le régime économique de 1860 a porté ses fruits. En 1868 , à Caudry , il reste 90 métiers en activité ; à Inchy, 3 ou 4, et dans les autres communes une dizaine environ. Il nous faut ajouter que la plupart de ces métiers ne travaillent qu'une demi-journée. Le salaire des tullistes varie entre 75 c. et 1 fr. par jour par suite des chômages , aussi le paupérisme a-t-il atteint ses dernières limites.

(1) Ce fait s'est renouvelé bien des fois et continue malgré nos réclamations réitérées.

» Que devaient faire les producteurs de tulle ? Ce qu'ils ont fait : Adresser une pétition au chef de l'Etat pour demander la dénonciation du traité de commerce.

» Au passif du libre-échange, il nous faut donc inscrire une dépréciation égale à la valeur des métiers à tulles unis, soit trois millions pour Caudry seulement. »

Alex. Durant.

—

Lille, 16 mai 1868.

A SA MAJESTÉ L'EMPEREUR NAPOLÉON III.

Sire ,

Les soussignés , fabricants de tulles unis à Lille, ont
l'honneur de vous exposer qu'avant le traité de commerce, qui a été conclu avec l'Angleterre, ils pouvaient,
eux et leurs ouvriers , vivre en travaillant , et que ,
depuis ce fatal traité , leur industrie s'est toujours
amoindrie de plus en plus , au point que les importations anglaises ont fini par leur enlever les neuf dixiè
mes de leur travail.

Mille ouvriers au moins étaient occupés avant 1860
à Lille pour la fabrication des tulles. Soixante-dix à

peine ont encore du travail, les autres disparaissent ou sont plongés dans la plus aff. euse misère.

Quant à nous, patrons, nos métiers, qui étaient le produit des économies de toute une vie honnête et laborieuse, n'ont plus aucune valeur. Nous comptions parmi nous plusieurs pères de famille qui sont devenus plus malheureux que leurs anciens ouvriers. C'est la la ruine pour tous.

Sire, ayez pitié de nous et de nos ouvriers ; ne renouvelez pas le funeste traité, qui nous a plongés dans l'infortune et nous ferons de nouveau entendre les cris d'enthousiasme avec lesquels nous vous avons acceuilli, lorsque vous êtes venu fêter avec nous l'anniversaire de .a réunion de notre pays à la France.

Nous sommes, de Votre Majesté,

Sire,

les plus humbles et les plus fidèles sujets.

Ont signé :

Cantrain fils, David, Desème, Vuilespèche, Delacourt, Lensen, Dupont, Declercq.

INDUSTRIE DES TULLES DE COTON.

Nous trouvons dans l'enquête établie sur l'industrie cotonnière de l'arrondissement de Lille , en novembre 1867 , par M. Henri Loyer , les renseignements qu'on va lire et sur lesquels nous appelons l'attention.

La France , dit M. Henri Loyer , produit tous les divers genres de tulles de coton ; Lille , Douai et le Cambrésis tissent les *unis* ; Calais tisse la *nouveauté* , c'est-à-dire les tulles qui portent des dessins.

Antérieurement au traité contracté avec l'Angleterre, la France n'importait pas de tulles de coton , ce qui ne l'empêchait aucunement d'en exporter chaque année pour plusieurs millions de francs de tulles nouveautés.

Les chiffres ci-après émanant de l'administration des douanes feront connaître combien le traité anglais a été désastreux pour la tullerie française prise dans son ensemble.

Pendant la durée des huit années qui avaient précédé la mise à exécution dudit traité, le montant de nos exportations s'était élevé à 27,000,000. Pendant la durée des huit autres années qui se sont écoulées depuis cette mise à exécution, les exportations de la France ont atteint le chiffre de 29,000,000 mais elle a importé *suivant valeur déclarée* pour 11,500,000 francs ; reste 17,500,000 fr.

Soit au point de vue de l'écoulement du produit français une différence en faveur de la période des huit années antérieures à 1861 , 9,500,000 fr.

En d'autres termes , l'industrie des tulles prise dans son ensemble, et comprenant les nouveautés de Calais et les tulles unis de Lille, de Douai et du Cambrésis, s'est amoindrie, en France, depuis la mise à exécution des traités de commerce, d'une somme de marchandises équivalente à 9,500,000 fr.

De plus, comme les droits résultant des traités sont établis *ad volorem* pour les importations, et que ce mode de perception donne lieu, pour les tulles, à des fraudes incessantes qui, disent les fabricants, dépassent en moyenne 33 p. % de la valeur réelle, soit 50 p. % de la somme de 11,500,000 fr., *valeur déclarée* au moment de l'importation, ou 5,500,000 fr.; on trouve que l'industrie française s'est amoindrie depuis l'application des traités d'un chiffre de production montant à 15,000,000.

En réalité, cette somme de 15,000,000 est énorme eu égard à l'importance de l'industrie des tulles, d'autant plus que les importations sont venues compromettre presque totalement la production des tulles *unis* du Cambrésis, de Lille et de Douai, sans compensation pour les tulles nouveautés de Calais.

Voici, suivant le rapport d'une commission nommée en 1867 par la Chambre de commerce de Lille, quelle était dans le département du Nord l'importance matérielle de la tullerie en 1860 et 1867 :

Antérieurement à 1860, le nombre des métiers qui fonctionnaient régulièrement pendant le jour et la nuit (c'est-à-dire pendant vingt-quatre heures par jour), se décomposaient ainsi qu'il suit : Lille , 282; Caudry, 343 ; Inchy , 107 ; Beauvois et autres communes, 50; Douai , 35; total , 817 métiers.

En novembre 1867 , le nombre des métiers encore en activité , mais ne fonctionnant plus que pendant quelques heures de la journée , se trouvait réduit ainsi qu'il suit : Lille , 61 ; Caudry, 147 ; Inchy, 8 ; Beauvois et autres communes , 10 ; Douai, 26 ; total , 252 métiers.

Tous les autres métiers avaient été brisés ou mis en chômage complet à partir de 1861.

Quant à la production dans les localités ci-dessus , on estimait, en 1867 , qu'elle avait , par suite des importations anglaises, diminué de 88 p. % comparativement au chiffre de 1860.

En 1869 , les quelques fabricants de tulle unis qui

restent encore affirment que la diminution atteint maintenant 90 p. % et qu'ils devront eux-mêmes arrêter totalement si l'on n'augmente pas dans un bref délai les droits d'importation actuellement applicables aux produits similaires venant de l'étranger.

Ils ajoutent que la plupart du personnel des patrons appartenant à cette industrie se composait d'anciens ouvriers pères de famille qui, à force d'économies, de privations et de travail, étaient arrivés à acquérir un matériel d'une valeur variant de 10 à 50,000 fr. et constituant toute la fortune de la famille. La ruine, disent-ils encore, est un fait accompli pour les uns: elle est imminente pour les autres et tout cela résulte des traités de commerce.

Le nombre des fabriques de tulles unis qui existaient particulièrement à Lille en 1860 s'élevait à 30. Elles étaient la propriété de 22 patrons français et de 8 patrons anglais. Les quelques fabricants qui résistent le plus longtemps à l'invasion des produits venant d'Angleterre sont les Français.

En résumé, le bon goût parisien dans lequel les fabricants de Calais vont puiser leurs inspirations pour les dessins constituera toujours une protection suffisante pour l'industrie des *tulles nouveautés*.

Les tulles *unis* font, au contraire, partie des articles ordinaires que l'Angleterre peut produire à meilleur marché que la France. Ils doivent donc être protégés par un droit de 30 p % au moins. Les fausses déclarations si difficiles à éviter pour les tulles réduiront encore de moitié l'importance du droit qui, en définitive, ne sera perçu que sur le pied de 15 p. %, taux de la protection actuelle. Tel est, selon nous, le moyen à employer pour que l'on voie, dans l'avenir, non pas *cesser*, mais seulement *diminuer* les importations de tulles unis.

M. Alfred Bailey , ne voulant perdre aucune occasion de faire ouvrir les yeux sur la situation déplorable faite à l'industrie des tulles unis , a adressé au
mois de mars 1869 , à M. Lambrecht , député de la
sixième circonscription du département du Nord , la
lettre suivante :

Monsieur le Député ,

Les marques nombreuses et effectives de bienveillant
intérêt que, durant tout le cours de votre mandat légis-
latif, vous n'avez cessé de donner à l'industrie de notre
contrée , m'encouragent à vous soumettre des documents nouveaux sur les moyens de remédier aux désastreuses conséquences qu'à entraînées pour l'industrie

4

des *tulles unis de coton* comme pour tant d'autres , le traité de commerce conclu en 1860 avec l'Angleterre , par le gouvernement, à l'insu de la nation. Permettez-moi d'espérer que vous voudrez bien leur accorder un favorable accueil.

Le 5 février 1868, j'ai, par une lettre que plusieurs grands journaux ont publiée, appelé l'attention de M. Forcade de la Roquette, alors ministre de l'Agriculture, du commerce et des travaux publics, sur la ruine imminente de l'industrie des tulles de coton en France , ruine causée par le traité de 1860. Le 27 du même mois , M. Forcade de la Roquette , m'a répondu par la citation dédaigneuse des deux ou trois chiffres extraits des États officiels des douanes françaises , en ajoutant que ces chiffres démontraient la parfaite innocence de cet heureux traité. Le 25 mars de la même année, j'ai pris la liberté d'écrire à M. Forcade de la Roquette que je ne me sentais pas convaincu et que je demandais énergiquement une enquête sur les résultats des conventions de 1860 et sur les moyens d'y porter remède. Cette fois , le ministre n'a pas daigné me répondre , les chiffres officiels auraient dû , paraît-il , me suffire.

Depuis j'ai pu apprécier dans la mémorable discussion de l'interpellation sur les conséquences des traités de commerce, votre parfaite compétence en ces matières, et le zèle à la fois ferme et éclairé que vous avez mis à revendiquer pour la nation le droit de faire seule de semblables conventions.

J'ai eu l'honneur de vous adresser à cette époque un mémoire sur la situation comparée de l'industrie des tulles en France et en Angleterre, mémoire qui é ait destiné à renseigner le gouvernement, s'il avait été moins convaincu de son infaillibilité, et depuis je vous ai prié de tenter de nouvelles démarches auprès du gouvernement pour le décider à dénoncer à l'Angleterre le traité qui nous ruine, ou au moins à demander à cette puissance la révision des tarifs dérisoires qui sont censés nous protéger. Avec un empressement dont toute l'industrie tullière de la contrée vous est profondément reconnaissante, vous avez exposé ma demande au nouveau ministre du commerce, M. Gressier, qui vous a promis de s'y intéresser, en vous priant de lui procurer des renseignements détaillés et mes propositions de réformes.

Ce sont ces renseignements et ces propositions,

en ce qui concerne mon industrie que j'ai l'honneur
de vous soumettre aujourd'hui.

Les droits établis à l'importation sur les tulles de
provenance anglaise sont , vous le savez , M. le député,
les droits *ad valorem*, la douane perçoit 15 p. % sur
la valeur déclarée. Ce système a pour conséquence
inévitable de provoquer, de la part des importateurs
anglais , des déclarations de 50 et 60 p. % au-dessous de la valeur réelle des tulles introduits en France,
d'où il suit que la protection effective que reçoit
notre industrie n'est qu'un droit de 5 ou 7 p. %,
protection tout-à-fait insuffisante contre un pays qui
n'est pas écrasé d'impôts, où la concurrence des voies
ferrées entraîne le bon marché des transports , qui a
la houille en abondance et les machines à peu de frais ,
qui a depuis longtemps amorti son matériel industriel
où enfin les ouvriers ne sont pas arrachés à leurs métiers par les exigences d'un service militaire aussi long
qu'inutile et peuvent ainsi acquérir une habileté tech-
nique qui augmente leurs capacités productives.

L'administration objecte qu'elle a un droit de
préemption , sans cesse suspendu comme une épée

de Damoclès sur la tête des industriels anglais qui seraient tentés d'attribuer à leurs marchandises une valeur inférieure à leur valeur réelle. Quoique l'Administration de la Douane n'use pas fréquemment de cette arme, nous ne lui en faisons pas un reproche, bien au contraire, nous l'en remercions, car la préemption aurait pour effet d'augmenter encore l encombrement de notre marché, puisque le gouvernement ne peut pas conserver les marchandises qu'il a ainsi achetées aux importateurs, et est même obligé de les revendre de suite pour désintéresser ces derniers avec le produit de ces ventes, et les revend ainsi à des prix de faillite.

Les droits *ad valorem* sont donc sans efficacité. Et voici le système que nous voudrions leur voir substituer : remplacement des droits *ad valorem* par le droit spécifique calculé sur la longueur métrique au kilogramme du coton employé dans la fabrication des tulles unis.

Manière de procéder pour établir le droit spécifique.

Pour arriver à établir la quotité de ce droit, qui devrait varier suivant la finesse du coton employé, la déclaration en douane devrait être faite de la manière suivante :

1° La douane exigerait un certificat d'origine ;

2° Elle exigerait le numéro des pièces, leur métrage et leur largeur par catégories séparées de tulles identiques ;

3° L'importateur devrait déclarer le poids, le nombre et le métrage total des pièces importées de chaque catégorie ;

4° La douane mesurerait (moyennant une rétribution payée par l'importateur ou l'acheteur) la longueur métrique au kilog des cotons employés.

Voici, à *titre de renseignement*, un tableau des tarifs établis à raison de 15 p. % sur le prix coûtant en Angleterre, sans escompte, des tulles bobins *écrus* (tulle en 12 mouvements).

Tulle bobin mesurant au kilog de	50,000 à	60,000 au kil. de tulle		
»	»	60,001 à	70,000	
»	»	70,001 à	80,000	
»	»	80,001 à	90,000	
»	»	90,001 à	100,000	
»	»	100,001 à	110,000	3 fr 60
»	»	110,001 à	120,000	4 40
»	»	120,001 à	130,000	5 40
»	»	130,001 à	140,000	6 60
»	»	140,001 à	150,000	7 80
»	»	150,001 à	160,000	9 20
»	»	160,001 à	170,000	10 40
»	»	170,001 à	180,000	11 80
»	»	180,001 à	190,000	13 00
»	»	190,001 à	200,000	14 40
»	»	200,001 à	210,000	
»	»	210,001 à	220,000	
»	»	220,001 à	230,000	
»	»	230,001 à	240,000	
»	»	240,001 à	250,000	
»	»	250,001 à	260,000	

et : proportionnellement.

etc., etc., etc.

Les tulles bobins *blanchis ou teints* paieront en plus 30 % du droit appliqué au tulle écru.

Les tulles bruxelles (tulles en 20 mouvements) paieront 30 % en plus du droit applicable aux tulles bobins écrus.

Pour obtenir le numéro mille mètres de coton procéder comme suit :

Prendre le nombre de fils en chaîne et en trame, y ajouter le nombre de mailles augmenté de 85 % (1) (pour embuvage) multiplier le nombre obtenu par la largeur en centimètres, et enfin ce dernier nombre par le nombre de mètres de la pièce. En divisant le chiffre obtenu par le poids on trouve le numéro métrique au kilog.

EXEMPLE.

Fil en chaîne et en trame au centimètre.	Mailles au centimètre augmenté de 85 %.	Largeur de la pièce.	Longueur de la pièce.	Poids de la pièce.	

$$22 + 12{,}02 \times 3^m \times 37^m \div 2^k 600 = 145{,}240 \quad \text{Nombre de 1,000 mètres au kilog de Tulle.}$$

Valeur du kilog. de Coton.	Façon, frais généraux, etc. au kilog. de Tulle.	Valeur du kilog. de Tulle.	Droit protecteur. (supposé)	Au kilog. de Tulle.	

$$27^{fr} + 21^{fr} 65 = 48^{fr} 65 \text{ à } 15^{fr} \% = 7^{fr} 30 \quad \text{Pour la catégorie de 145,000 mètres au kilog de Tulle}$$

---

(1) Ces 85 % représentent la moyenne de l'embuvage.

Tous les tulles présentés à l'importation qui ne réuniraient pas les conditions exposées plus haut, se verraient refusés, ou bien on pourrait, en les admettant, leur appliquer une forte amende équivalant à la moitié de leur valeur.

Pour toutes les déclarations atténuées la préemption serait remplacée par une amende équivalant à la moitié de la valeur réelle de la marchandise et par l'interdiction à celle-ci du territoire français. Nous demandons l'amende et non la saisie, parce que la saisie est nécessairement suivie d'une vente à vil prix et a pour résultat de mettre dans la circulation les marchandises qu'on voulait précisément en bannir.

Pour stimuler le zèle des employés de la douane on leur abandonnerait la moitié des amendes.

Trois bureaux seulement devraient être ouverts pour l'entrée des tulles en France. Un à Calais, un autre à Lille et un troisième à Paris. Nous désignons ces trois villes parce que ce sont les seules ou l'administration puisse trouver des experts compétents Partout ailleurs, l'administration ne peut confier des expertises qu'à des négociants lesquels ont justement intérêt à ce que les tulles anglais s'introduisent en France au meilleur marché possible , et par conséquent à fermer les yeux sur les atténuations frauduleuses.

Un tableau de tous les spécimens de tulles unis pourrait être établi dans chacun des trois bureaux de la douane. Ce tableau contiendrait toutes les indications de nature à rendre faciles aux douaniers les comparaisons qu'ils auraient à faire.

Telles sont dans leur ensemble, Monsieur le Député, les mesures que je crois nécessaires au salut de l'industrie des tulles unis en France. Ce qui les tue , c'est manifestement l'application que fait le gouvernement du traité de commerce avec l'Angleterre. Je n'en demande qu'une application différente , et j'en respecte les bases. La substitution d'un droit *spécifique* au droit *ad valorem* actuellement ; voilà où *forcément* je borne mes prétentions. Est-ce trop exiger ? Est-ce témoigner d'un mauvais vouloir systématique , d'une soif insatiable de réformes , d'une haine enracinée du libre-échange ? Je ne le pense pas et j'ose espérer que vous rendrez justice à ma modération. Partisan de toutes les libertés , je ne m'élèverai jamais contre la liberté des transactions commerciales. Tout ce que je désire, c'est que, sous couleur de liberté, le gouvernement ne nous livre pas sans défense à une concurrence que nous ne pouvons soutenir : entre deux rivaux inégalement forts, la lutte ne saurait être égale ; abandonner l'un d'eux au coups de son adversaire, ce n'est pas respecter sa liberté, c'est préparer son asservissement et sa perte. Je ne demande que des armes.

Quand, un jour, grâce à la paix, grâce à la suppression des armées permanentes, grâce à la réduction des gros budgets, grâce enfin à la liberté politique, notre industrie aura acquis la vigueur qui lui manque encore, elle sera la première à demander l'abolition de tous les droits protecteurs, et à n'attendre que d'elle même la prospérité et la vie.

Aujourd'hui trop d'entraves embarrassent l'industrie, trop de charges arrêtent son essor. Puisque le gouvernement ne veut pas l'en délivrer, qu'il lui accorde au moins les secours dont lui-même il a reconnu la nécessité pour elle. Ce ne sera que de la justice, et ce n'est pas comme une faveur, mais comme un *droit*, que nous les réclamons.

J'ose espérer, Monsieur le Député, que ces sentiments sont les vôtres et que vous voudrez bien en soumettre l'expression à M. le Ministre du commerce L'autorité de votre nom et de votre caractère ne peut manquer de leur assurer un accueil que le droit ne reçoit pas toujours, auprès des gouvernements.

Veuillez agréez, etc.

ALFRED BAILEY.

———

CHAMBRE CONSULTATIVE DES ARTS & MANUFACTURES
DE CAMBRAI.

EXTRAIT
DU REGISTRE DES DÉLIBÉRATIONS DE LA CHAMBRE.

Séance du 9 octobre 1869.

L'an mil huit cent soixante-neuf, le neuf octobre, à deux heures de relevée.

La Chambre consultative des arts et manufactures de l'arrondissement de Cambrai s'est réunie à l'hôtel-de-ville du chef-lieu sur la convocation et sous la présidence de M. Wallerand.

Étaient présents : MM. Lallier, Wiart-Pinquet, Bertrand-Milcent et Petit-Dupont

M. le Président communique à la Chambre deux pétitions adressées à M. Ozenne, conseiller d'État, secrétaire général du Ministère du commerce ; l'une émanant des fabricants de toiles de fil de lin de l'arrondissement de Cambrai, et l'autre des fabricants de tulles unis de Caudry.

En ce qui touche la pétition des fabricants de tulles unis.

La Chambre, considérant que la situation indiquée par les fabricants est malheureusement exacte et n'a rien d'exagéré ;

Considérant que la protection que l'on a voulu accorder à la fabrication des tulles unis est tout-à-fait insuffisante, attendu que les droits prélevés sur la valeur sont très souvent éludés par de fausses déclarations ;

Est d'avis qu'il y a lieu d'augmenter les droits sur les tulles de coton unis étrangers et que ces droits actuellement *ad valorem*, soient remplacés par des droits *spécifiques*.

(*Suivent les signatures*).

Pour copie conforme :

Le Président de la Chambre,

L. Wallerand.

MÉMOIRE

remis à M. OZENNE, le 30 octobre 1869

SUR LA

SITUATION DE L'INDUSTRIE

DES

TULLES UNIS DE COTON

EN FRANCE

Un fait incontestable , c'est l'énorme différence qui existe entre le prix du tulle uni de coton en France et en Angleterre.

Voici les chiffres qui le démontrent :

Je prends , d'abord , le prix de revient des fabricants de Caudry et des environs , et je choisis deux tulles de finesse différente , l'un fabriqué avec du coton n° 135 métrique ou 160 anglais , l'autre avec du coton n° 194 métrique ou (230 anglais).

Je prends ensuite le prix des différents articles fabriqués chez moi avec des cotons variant du n° 180 au n° 250.

Article Bobin Laize (Caudry et environs).

Le n° 135 métrique (ou 160 anglais) étant le plus généralement employé (à Caudry et environs) pour beaucoup d'articles, on le choisit pour type pour établir le droit spécifique de la première catégorie.

Le prix moyen du n° 135 métrique français (qualité ordinaire) est de 19 fr. le paquet de 900 grammes soit 2 c. 11/00 le gramme.

Il faut 3 paquets de coton 135 métrique, soit 2 kil. 700 grammes pour fabriquer une pièce de tulle ayant 100 racks de longueur sur 12/4 de largeur.

   2 k. 700 gr poids de la pièce.

   162 6 0/0 de déchet.

   2 k. 862 coton employé à 2 c. 11/00

      (le gramme) . . . .   60 fr 38

     Façon, frais généraux, etc,

      (sans amortissement).   18 fr. 11

     Valeur d'une pièce de tulle.   78 fr. 49

78 fr. 49 c. ÷ 2 k. 700. = 29 fr. 07 c. le kil de tulle écru.

Le droit fixe sur le 135 métrique étant de 2 fr. 60 au kilog., on a payé 7 fr. 44 c. de droit sur le coton employé pour fabriquer cette pièce.

Bobin Laize (à Nottingham), article similaire.

À l'époque où le coton français (135 métrique ou 160 anglais) deuxième qualité, se vendait à Lille 19 fr. le paquet (de 900 grammes), le même numéro se vendait à Nottingham 6 shillings la livre, soit 15 fr. le paquet, première qualité.

15 fr. par 900 gram 1 c. 666/000 le gramme

   2 kil. 862 coton employé à 1 c. 666/000 le

      gramme . . . . 47 fr 68

  En supposant la même façon qu'en France. . 18 fr 11

    Valeur de la pièce de tulle. . . 65 fr. 79

65 fr. 79. ÷ 2 kil. 700, poids de la pièce = 24 fr. 37 le kil. de tulle anglais.

1er TABLEAU REPRÉSENTANT LES DIFFÉRENCES DE VALEUR EXISTANT ENTRE LES ARTICLES SIMILAIRES FRANÇAIS ET ANGLAIS.

SANS DROITS						AVEC	DROITS D'ENTRÉE 15 °/₀			AVEC 10 °/₀ DROITS D'ENTRÉE (PAR SUITE DE FAUSSES DÉCLARATIONS)			
VALEUR DE LA PIÈCE Française	VALEUR DE LA PIÈCE Anglaise	DIFFÉRENCE en faveur de la pièce anglaise	VALEUR AU KIL. DE TULLE Français	VALEUR AU KIL. DE TULLE Anglais	DIFFÉRENCE au kilog en faveur du tulle anglais	VALEUR de la pièce anglaise	PRODUIT des droits à 15 °/₀	MONTANT de la pièce anglaise droits perçus	DIFFÉRENCE en faveur du tulle anglais	VALEUR de la pièce anglaise	PRODUIT des droits à 10 °/₀	MONTANT de la pièce anglaise droits perçus	DIFFÉRENCE en faveur du tulle anglais
78 f. 49	65 f. 79	12 f. 70	29 f. 07	24 f. 37	4 f. 70	65 f. 79	9 f. 86	75 f. 65	2 f. 84	65 f. 79	6 f. 57	72 f. 36	6 f. 13

— 66 —

Bobin et Laize (Caudry et environs).

Dans les bobins fins, on emploie des n°* 200, 220, 240, 250, 270, 280, 300.

On prend comme base le 230 pour établir le droit spécifique de la deuxième catégorie

Le n° 194 métrique ou 230 anglais (filature Henri Loyer, à Lille) , se vendait 41 fr. le paquet de 900 grammes, soit 4 c. 88/000 le gramme. (Tarif 4 mars 1868).

Pour fabriquer une pièce de 173 racks de longueur sur 12/4 de largeur.

Il faut 3 k. 375 gr   (poids de la pièce).

      202   6 0/0 de déchet.

    3 k. 577 gr.   employé à

      4 c. 88/000. . . , .   174 fr 55

Façon, frais généraux, etc , (sans amortissement). . . . .   61 fr. 10

      Valeur de la pièce. . ~   235 fr. 65

235 fr. 65 c ÷ 3 kil. 375, poids de la pièce = 69 fr 82 c. le kil. Tulle écru.

Le droit fixe sur le 230 étant de 3 fr. 90 au kil. , on a payé 18 fr. 95 de droits sur le coton employé pour fabriquer cette pièce.

— 67 —

Bobin en Laize (Nottingham), article similaire

Le n° 230 (filature Elliott , à Nottingham), se vendait, du 24 février au 16 mars 1868 , 13 shillings et 2 pence , soit 16 fr. 46 c la livre ou 32 fr. 92 le paquet de 900 grammes , ou 3 c. 66/000 le gramme.

3 kil 577 coton employé à 3 c. 66/000 le
    gramme . . . .   130 fr. 90
    Même façon qu'en France. . .   61 fr. 10
    Valeur de la pièce en tulle . .   192 fr. 00

192 fr 00 c ÷ 3 kil. 375 gram., poids de la pièce = 56 fr 88 c. le kil. de tulle écru.

2° TABLEAU REPRÉSENTANT LES DIFFÉRENCES DE VALEUR EXISTANT ENTRE LES ARTICLES SIMILAIRES FRANÇAIS ET ANGLAIS.

SANS DROITS						AVEC	DROITS D'ENTRÉE 15 %			AVEC 10 % DROITS D'ENTRÉE (PAR SUITE DE FAUSSES DÉCLARATIONS)			
VALEUR DE LA PIÈCE		DIFFÉRENCE en faveur de la pièce anglaise	VALEUR AU KIL. DE TULLE		DIFFÉRENCE au kilog en faveur du tulle anglais	VALEUR de la pièce anglaise	PRODUIT des droits à 15 %.	MONTANT de la pièce anglaise droits perçus.	DIFFÉRENCE en faveur du tulle anglais	VALEUR de la pièce anglaise	PRODUIT des droits à 10 %.	MONTANT de la pièce anglaise droits perçus.	DIFFÉRENCE en faveur du tulle anglais
Française.	Anglaise.		Français.	Anglais.									
235 f. 65	192 f. »»	43 f. 65	69 f. 82	56 f. 88	12 f. 94	192 f. »»	28 f. 80	220 f. 80	14 f. 85	192 f. »»	19 f. 20	211 f. 20	24 f. 45

Bandes liserées Robin, Douai (Nord).

Le n° moyen, employé pour cet article, est le 180, on le prend donc comme base pour établir le droit spécifique

Le n° 180 (filature de Henri Loyer, à Lille), se vendait 28 fr. 50 c. le paquet de 900 grammes, soit de 3 c. 17/000 le gramme (Tarif 4 mars 1868).

Pour une pièce de 132 racks fabriquée sur un métier 200 pouces 12 points, il faut :

5 k. 800 gram., poids de la pièce
348 6 0/0 de déchet.

6 k 148 coton employé à 3 c. 17/000 le gramme . . . . . 194 fr. 95
Façon, frais généraux (sans amortissement). 77 fr 95

Valeur de la pièce . . . . 272 fr. 84

272 fr 84 ÷ 5 k. 800, poids de la pièce. = 47 fr. 05 le kil. de tulle écru.

Le droit fixe sur le 180 étant de 3 fr. 25 au kil., on a payé 19 fr. 98 de droits sur le coton employé pour fabriquer cette pièce.

Bandes liserées (Nottingham) article similaire

Le coton 180 (filature Elliott, à Nottingham), se vendait du 21 février au 16 mars 1868, 7 shillings et 9 pence, soit 9 fr. 70 la livre ou 19 fr. 40 le paquet de 900 gramme, soit 2 c. 15/000 le gramme.

6 kil 148 coton employé à 2 c. 15/000 le gramme . . . . . 132 fr 18
Façon même qu'en France. . 77 fr 75

Valeur de la pièce . . . 210 fr. 13

210 fr 13 — 5 kil. 800, poids de la pièce. = 36 fr. 24 le kil de tulle écru.

3e TABLEAU REPRÉSENTANT LES DIFFÉRENCES DE VALEUR EXISTANT ENTRE LES ARTICLES SIMILAIRES FRANÇAIS ET ANGLAIS.

SANS DROITS						AVEC DROITS D'ENTRÉE 15°/°				AVEC 10°/° DROITS D'ENTRÉE (par suite de fausses déclarations)			
VALEUR DE LA PIÈCE Française	VALEUR DE LA PIÈCE Anglaise	DIFFÉRENCE en faveur de la pièce anglaise	VALEUR AU KIL. DE TULLE Français	VALEUR AU KIL. DE TULLE Anglais	DIFFÉRENCE au kilog. en faveur du tulle anglais	VALEUR de la pièce anglaise	PRODUIT des droits à 15%	MONTANT de la pièce anglaise droits perçus	DIFFÉRENCE en faveur du tulle anglais	VALEUR de la pièce anglaise	PRODUIT des droits à 10%	MONTANT de la pièce anglaise droits perçus	DIFFÉRENCE en faveur du tulle anglais
272 f.84	210 f.13	62 f.71	47 f.05	36 f.24	10 f.81	210 f.13	31 f.52	242 f.70	30 f.14	210 f.13	21 f.01	231 f.14	41 f.70

Bandes liserées, Bobin, Douai (Nord).

Le n° moyen employé pour cet article est le n° 230, on le prend donc comme base pour établir le droit spécifique.

Le n° 230 (filature de M. Henri Loyer, à Lille), se vendait 44 fr. le paquet de 900 grammes, soit 4 c. 88⁄000 le gramme. (Tarif du 4 mars 1868).

Pour une pièce de 200 racks fabriquée sur un métier de 200 pouces 14 points, il faut :

    5 k. 400 grammes, poids de la pièce.
    326 6 0⁄0 de déchet.

5 k. 766 grammes coton employé à 4 c. 88⁄000	281 fr. 38
Façon, frais généraux, (sans amortissement).	126 fr. 41
Valeur de la pièce. . .	407 fr. 79

407 fr. 79 ÷ 5 kil. 440, poids de la pièce. = 74 fr. 96 le kil. de tulle écru.

Le droit fixe sur le n° 230 étant de 8 fr. 90 le kil., on a payé 22 fr. 80 de droits sur le coton employé pour fabriquer cette pièce.

Bandes liserées, (Bobin) Nottingham, article similaire.

Le coton 230 (Elliott, Nottingham), se vendait, du 24 février au 16 mars 1868, 13 shillings et 2 pence, soit 16 fr. 46 c. la livre ou 32 fr. 92 c. le paquet de 900 grammes, soit 3 c. 66⁄000 le gramme.

5 kil. 766 coton employé à 3 c. 66⁄000 . . .	209 fr. 55
Même façon, etc., qu'en France.	126 fr. 41
Valeur de la pièce. . .	335 fr 96

385 fr. 96. ÷ 3 kil. 440, poids de la pièce. 61 fr. 75 e kil de tulle écru.

4° TABLEAU REPRÉSENTANT LES DIFFÉRENCES DE VALEUR EXISTANT ENTRE LES ARTICLES SIMILAIRES FRANÇAIS ET ANGLAIS.

SANS DROITS						AVEC DROITS D'ENTRÉE 15 °₀.				AVEC 10 °⁄° DROITS D'ENTRÉE (PAR SUITE DE FAUSSES DÉCLARATIONS).			
VALEUR DE LA PIÈCE		DIFFÉRENCE en faveur de la pièce anglaise	VALEUR AU KIL. DE TULLE		DIFFÉRENCE au kilog. en faveur du tulle anglais	VALEUR de la pièce anglaise	PRODUIT des droits à 15 °/₀	MONTANT de la pièce anglaise droits perçus.	DIFFÉRENCE en faveur du lle anglais	VALEUR de la pièce anglaise	PRODUIT des droits à 10 °/₀	MONTANT de la pièce anglaise droits perçus.	DIFFÉRENCE en faveur du tulle anglais
Française.	Anglaise.		Française.	Anglais.									
407 f. 79	335 f. 96	71 f. 83	74 f. 96	61 f. 75	13 f. 21	335 f. 96	50 f. 40	386 f. 36	21 f. 43	335 f. 96	33 f. 59	369 f. 55	38 f. 24

Bruxelles (Tulle en 20 mouvements). — **Bandes
liserées Douai** (Nord).

Cet article se fabrique avec du n° 250.

Ce n° 250 (filature de Henri Loyer, à Lille), se vendait 52 fr.
30 le paquet de 900 grammes, soit 5 c. 83/000 le gramme.
(Tarif du 4 mars 1868).

Pour une pièce de 124 racks fabriquée sur métier 136 pouces
14 points, il faut :

4 k. 320 grammes, poids de la pièce.
250 6/0 de déchet.

---

4 k. 579 coton employé à 5 c. 83/000 le
  gramme . . . . 266 fr. 95
Façon, frais généraux, etc., (sans amortissement) . . . . 177 fr. 95

  Valeur de la pièce . . . . . 444 fr. 90

444 fr. 90 — 4 kil. 320, poids de la pièce =
103 fr. le kil. de tulle écru

*Le droit fixe sur les 250 étant de 8 fr. 90 au kil, on a
payé 17 fr. 85 de droits sur le coton employé pour fabriquer cette pièce.*

**Bruxelles, bandes liserées. — (Nottingham),
article similaire.**

Le n° 250 (Elliott, à Nottingham) se vendait, du 24 février
au 16 mars 1868, 16 schillings, soit 20 fr. la livre ou 40 fr. le
paquet de 900 grammes, soit 4 cent 44/000 le gramme.

4 kil. 579 grammes coton employé à 4 c.
  44/000. . . . . 203 fr. 30
Même façon, etc., qu'en France. 177 fr. 95
  Valeur de la pièce. . . . 381 fr. 25

381 fr. 25 ÷ 4 kil. 320, poids de la pièce = 88 fr. 25 le
kil. de tulle écru

5° **TABLEAU** REPRÉSENTANT LES DIFFÉRENCES DE VALEUR EXISTANT ENTRE LES ARTICLES SIMILAIRES FRANÇAIS ET ANGLAIS.

SANS DROITS						AVEC DROITS D'ENTRÉE 15 °.			AVEC 10 °. DROITS D'ENTRÉE (PAR SUITE DE FAUSSES DÉCLARATIONS)			
VALEUR DE LA PIÈCE		DIFFÉRENCE en faveur de la pièce anglaise	VALEUR AU KIL. DE TULLE		DIFFÉRENCE au kilog en faveur du tulle anglais	VALEUR de la pièce anglaise	PRODUIT des droits à 15 %.	MONTANT de la pièce anglaise droits perçus.	DIFFÉRENCE en faveur du tulle anglais	VALEUR de la pièce anglaise	PRODUIT des droits à 10 %.	MONTANT de la pièce anglaise droits perçus.	DIFFÉRENCE en faveur du tulle anglais
Française.	Anglaise.		Français.	Anglais.								
440 f. 90	381 f. 25	63 f. 65	103 f. 00	88 f. 25	14 f. 75	381 f. 25	57 f. 18	438 f. 43	6 f. 47	381 f. 25	38 f. 12	419 f. 37	25 f. 53

Bruxelles (Tulle en 20 mouvements). — **Laizes,**
Douai (Nord).

———

Pour ces articles, on emploie des cotons du n° 200 au n° 400.

On prend donc le n° 250 comme numéro moyen pour établir le droit spécifique (C'est aussi le numéro qu'on emploie le plus pour les Bruxelles pour *application*.)

Le n° 250 (filature Henri Loyer, à Lille), se vendait 52 fr. 50 le paquet de 900 grammes , soit 5 c. 83,000 le gramme. (Tarif du 4 mars 1868).

Pour une pièce de 116 racks fabriquée sur un métier 162 pouces, 15 points, il faut :

4 k. 260 grammes, poids de la pièce.
255 6 0/0 de déchet.

4 k. 515 grammes coton employé
à 5 c. 83,000. . . . . 263 fr. 22
Façon, frais généraux (sans amortissement). . . . . . . 175 fr 48
Valeur de la pièce. . . . 438 fr. 70

478 fr. 70 — 4 kil. 260, poids de la pièce = 103 fr. le kil. de tulle écru

Le droit fixe sur les 250 étant de 3 fr. 90 au kil., on a payé 17 fr. 64 c. de droits sur le coton employé pour fabriquer cette pièce.

Bruxelles Laizes, à Nottingham, article similaire.

———

Le 250 (Elliott, à Nottingham), se vendait, du 24 février au 16 mars 1868, 16 shillings la livre ou 40 fr. le paquet de 900 grammes, soit à 4 c. 44,000 le gramme.

4 kil. 515 gram coton employé à 4 c.
44,000 le gramme. . . . . 200 fr. 51
Même façon, etc., qu'en France. 175 fr. 48
Valeur de la pièce. . . 376 fr. 99

376 fr. 99 — 4 kil. 260, poids de la pièce. = 88 fr 27 le kil. de tulle écru.

6° **TABLEAU** REPRÉSENTANT LES DIFFÉRENCES DE VALEUR EXISTANT ENTRE LES ARTICLES SIMILAIRES FRANÇAIS ET ANGLAIS.

SANS DROITS						AVEC DROITS D'ENTRÉE 15 °/₀				AVEC 10 °/₀ DROITS D'ENTRÉE (PAR SUITE DE FAUSSES DÉCLARATIONS)			
VALEUR DE LA PIÈCE Française.	VALEUR DE LA PIÈCE Anglaise.	DIFFÉRENCE en faveur de la pièce anglaise	VALEUR AU KIL. DE TULLE Français.	VALEUR AU KIL. DE TULLE Anglais.	DIFFÉRENCE au kilog en faveur du tulle anglais	VALEUR de la pièce anglaise	PRODUIT des droits à 15 °/₀	MONTANT de la pièce anglaise droits perçus.	DIFFÉRENCE en faveur du tulle anglais	VALEUR de la pièce anglaise	PRODUIT des droits à 10 °/₀	MONTANT de la pièce anglaise droits perçus.	DIFFÉRENCE en faveur du tulle anglais
438 f. 70	376 f. 99	61 f. 71	103 f. 00	88 f. 27	14 f. 73	376 f. 99	57 f. 10	434 f. 09	4 f. 61	376 f. 99	37 f. 69	414 f. 68	2 f. 02

Tous ces chiffres sont incontestables. D'abord, les prix des cotons résultent de factures et tarifs de filateurs de Lille et Nottingham. Ensuite, je n'ai pas tenu compte de deux avantages considérables que les fabricants de Nottingham ont sur les fabricants français, et qui cependant doivent, en réalité, abaisser sensiblement le prix de la façon, frais généraux, etc., à Nottingham. Le premier, c'est que les fabricants de Nottingham prennent leurs cotons sur les bobinaux des filateurs, fait qui, en les dispensant de plusieurs opérations, telles que le dévidage, le renvidage, etc, leur procurent une économie de 95 cent. par kilogr. de coton et réduit le déchet de 6 % à 4 %. Le second, c'est que la plupart des fabricants anglais peuvent, sans préjudice, se dispenser de faire entrer l'amortissement dans le calcul de leurs prix de revient, parce que, depuis longtemps, ils sont rentrés dans les dépenses que leur a causées leur matériel, tandis que les fabricants français, en négligeant l'amortissement se causent un grave préjudice ; car ils sont bien loin d'être remboursés des dépenses qu'ils ont faites pour perfectionner leur matériel, surtout depuis 1860.

Ajoutons qu'estimer au même chiffre les frais généraux des fabricants anglais et ceux des fabricants français, c'est faire une concession bien large. Ces frais sont certainement moins considérables en Angleterre où l'intérêt est moins élevé et où le charbon, le gaz, les machines et les frais de premier établissement coûtent bien moins qu'en France. Enfin le coton anglais étant plus fort que le coton français, il est facile aux fabricants anglais, en produisant davantage, d'économiser, 5 à 6 % sur la main-d'œuvre.

Quoiqu'il en soit, je ne veux pas que mes évaluations puissent être contestées et je me tiens aux calculs que j'ai exposés ci-dessus.

Ces calculs prouvent aussi que, même avec des métiers aussi larges et aussi producteurs qu'à Nottingham, les fabricants français ne peuvent lutter avec ceux d'Angleterre.

Des tableaux qui précèdent, il résulte que le prix de revient des tulles est considérablement plus élevé en France qu'en Angleterre. Etant plus chers, ils doivent se vendre et se vendent, en effet, bien moins que les tulles anglais, ils sont bannis de tous les marchés de l'Europe, et ils trouvent jusque sur le marché français la concurrence anglaise qui les écrase surtout en temps de crise.

Examinons d'où vient cette cherté.

Quand on jette les yeux sur les calculs que j'ai établis précédemment, on est frappé de l'excessive disproportion qui éclate entre le prix des cotons filés en France et leur prix en Angleterre.

De 62 fr. 70 c. sur mes articles à bon marché elle s'élève jusqu'à 71 fr. 80 c. sur les articles fins (et je ne parle que de ceux que j'ai pris pour types et qui par cette raison, ne sont que d'une finesse moyenne dans leur catégorie).

Pourquoi donc les cotons filés sont-ils si chers chez nous, quand les Anglais les vendent relativement à si bon compte ?

La différence provient en partie du droit qui frappe les filés étrangers à leur entrée en France, et qui permet ainsi à la filature française de tenir ses prix très élevés.

C'est ce qui ressort des chiffres que j'ai donnés plus haut et du tarif ci-contre.

Tarif des Cotons au 4 Mars 1868.

A LILLE (Henry Loyer)	A NOTTINGHAM (Elliott et Cragg)	DIFFÉRENCE au kilog.
Nᵒ 135 métrique 21 f. 10	Nᵒ 160 anglais 16 f. 60	4 f 50
Nᵒ 152 — 31 70	Nᵒ 180 21 50	10 f 20
Nᵒ 194 48 80	Nᵒ 230 — 36 60	12 f 20
Nᵒ 211 — 58 30	Nᵒ 250 44 40	13 f. 90

Ainsi même en tenant compte du droit protecteur et de la protection très-réelle qui résulte de la distance, savoir : le port, le change, la commission, etc., etc., la filature française perçoit presque toujours sur tous les numéros qu'elle livre aux fabricants de tulle une somme relativement considérable et que n'exigerait pas d'eux la filature anglaise.

De plus, fait bien digne de remarque, les filateurs français élevaient leurs tarifs dès le 24 février 1868 et c'est seulement le 16 mars que les Anglais en ont fait autant, et encore, à cette date, l'augmentation établie par ceux-ci était de 3 fr. 20 à 5 fr. 10 au paquet, moins forte, que l'augmentation des filateurs français. Ce n'est que le 10 avril que la hausse des cotons anglais a atteint à peu près la hausse des filés français.

Il en résulte que la fabrique de tulle française avait à

supporter la hausse un mois avant la fabrique de tulle anglaise.

Pendant ce mois, les fabricants anglais ont pu s'approvisionner, à bon marché, de coton filé, tandis que les fabricants français ne le pouvaient plus par suite de l'élévation du tarif français, comme je l'ai démontré plus haut.

Le droit nominal de 15 % *ad valorem* établi sur les tulles importés ne nous protége aucunement et je demande qu'on le remplace par un droit *spécifique*.

Ce droit soi-disant protecteur ne nous protége pas le moins du monde.

1° Parce qu'il est insuffisant en lui-même ;

2° Parce qu'il est presque annulé d'abord par le droit établi sur les filés, droit qui élève d'une façon si considérable le prix des filés français ; ensuite par les déclarations atténuées ;

3° Parce qu'enfin, bien qu'il ne nous protége pas, il a le grave inconvénient de faire croire au Gouvernement et aux consommateurs que nous sommes protégés.

Je dis, d'abord, qu'il est insuffisant. En effet, comment est-il perçu ? comme tous les droits *ad valorem*, sur les déclarations faites à la douane par l'expéditeur anglais. Mais ces déclarations sont elles contrôlées ? En aucune façon.

Je sais, nous savons tous que de semblables vérifications ne sont possibles que faites par des hommes spéciaux.

Donc, le contrôle n'existant pas, la douane s'en rapportant aux déclarations qui lui sont faites, je suis certainement bien au-dessous de la vérité en estimant que les déclarations anglaises sont inférieures de 33 % à la valeur réelle des tulles importés.

Prenons néanmoins ce chiffre.

Voilà donc la protection accordée aux tulles français réduite d'un tiers et abaissée à 10 %. Les chiffres que j'ai donnés aux tableaux n°s 1, 2, 3, 4, 5, 6 me dispensent d'insister sur l'insuffisance de la protection accordée aux tulles, ils démontrent trop clairement que cette prétendue protection laisse aux tulles anglais un avantage décisif sur les autres.

6

J'ai dit, en second lieu, que le droit établi sur les filés importés annule pour certains articles et restreint considérablement pour d'autres la protection accordée aux tulles. En voici la démonstration :

CAUDRY & DOUAI			10 °/₀ Droit perçu sur la pièce importée	NOTTINGHAM Différence entre le droit perçu sur les filés et le droits perçu sur le tulle imposé.		Sur une pièce valeur	Droit au p. 0/0 restant au tulle.	
TABLEAUX	N° du Coton.	Droits perçu sur la pièce importée						
1	160	7 f. 11	6 f. 57	0 f. 87 c.	au profit des filés français	78 f. 19	1 10/100	au filés
2	230	13 95	19 20	5 25	au prof. du tulle	235 65	2 23/100	tulle
3	180	19 98	21 01	1 03	»	272 81	0 33/100	»
4	230	22 50	33 59	11 09	»	407 79	2 71/100	»
5	250	17 85	38 12	15 27	»	444 90	3 43/100	»
6	250	17 61	37 69	20 08	»	438 70	1 58/100	»

Comme je le disais donc, il ressort de ces tableaux que la protection accordée aux tulles est singulièrement restreinte par celle que reçoivent les filés.

Peut-on, maintenant, quand nous nous plaignons des souffrances de notre industrie, nous répondre qu'après tout nous ne sommes pas tant à plaindre que, un droit de 15 % *ad valorem* sur les tulles anglais, nous met à l'abri de la concurrence anglaise, que nos exigences sont déraisonnables, qu'une prohibition absolue pourrait seule nous satisfaire, etc., etc.

Je viens de montrer à quoi se réduit, en réalité cette protection dont on fait tant de bruit, je viens d'établir qu'elle est battue en brèche, d'une part, par les fausses déclarations ; de l'autre, par la protection qui couvre la filature.

La filature française tout en recevant ses matières premières en franchise, est cependant, en outre, proté_gée par un droit fixe. Pourquoi le Gouvernement ne voudrait-il pas nous protéger de la même manière puisque nous avons, nous, des droits à payer sur notre matière première qui est le coton filé ?

Une protection réelle, efficace, qui nous permettrait de disputer le marché intérieur à la fabrique anglaise, nous donnerait, dans un avenir prochain, les moyens d'entrer dans les vues du Gouvernement et de songer à exporter nos produits, ce qui nous a été matériellement impossible jusqu'à présent ; notre fabrication ayant été forcément arrêtée par la concurrence accablante que nous fait l'Angleterre.

Telle est, en substance, mon opinion sur l'état actuel de l'industrie des tulles unis de cotons en France ; tels sont ses besoins, tels sont ses vœux que je résume d'un mot.

Etablissement, sur des bases équitables, d'un droit *spécifique* sur les tulles unis de cotons importés.

Alfred BAILEY.

Douai, mars 1868.

Octobre 1869.

Dans le mémoire que nous avons rédigé, au mois de mars 1868, sur la situation de l'industrie des tulles unis de coton en France, nous avons établi le prix de revient des tulles français et des tulles anglais en admettant les mêmes chiffres pour la façon et les frais généraux dans les deux pays. Nous faisions cependant observer que la façon et les frais généraux sont moins élevés en Angleterre qu'en France. C'est cette différence que nous voudrions établir aujourd'hui, afin de démontrer qu'il serait indispensable pour nous assurer la même protection qui est accordé à la filature d'élever de 15 pour % à 25 et même 30 pour % les droits établis sur les tulles étrangers à l'importation.

La différence de prix qui résulte de la différence du coût de la façon et des frais généraux dans les deux pays constituerait à elle seule un bénéfice dont les fabricants français seraient satisfaits.

Posons d'abord en principe qu'il y a entre la façon et les frais généraux en Angleterre et la façon et les frais généraux en France, une différence de 30 p % au minimum au profit du premier des deux pays. Cette évaluation est inattaquable en ce qui concerne la fabrication des tulles. Je puis prouver par mes registres qu'à l'époque ou j'ai employé six ouvriers anglais , ils produisaient en quatre jours ce que mes ouvriers français faisaient en 6 jours — Ajoutez à cela les différentes économies dont j'ai parlé précédemment , nous arrivons facilement à un écart de 30 p. %.

Voici un tableau qui fait ressortir l'énorme disproportion du prix des tulles anglais , des tulles français , disproportion dans laquelle la différence du prix de façon et des frais généraux entre pour une part considerable.

Nous avons pris pour base les évaluations de notre mémoire de mars 1868.

N° du Tableau.	Valeur de la pièce anglaise	30 p. 0/0 à déduire de la façon et frais généraux des Tulles anglais.	Valeur réelle du Tulle anglais.	Différence entre le produit français et anglais.	Valeur du Tulle français.
1	65,79 —	5,45 =	60,34 +	30 0/0	78,43
2	192,»» —	18,33 =	173,65 +	35 1/4 %	235,86
3	210,13 —	23,28 =	186,75 +	46 0/0	272,65
4	335,96 —	37,92 =	278,04 +	36 0/0	408,31
5	381,25 —	53,38 =	327,87 +	36 0/0	445,90
6	376,99 —	52,64 =	324,35 +	32 0/0	438,14

Si après avoir lu ce tableau, on veut bien songer que les tulles anglais arrivent sur notre marché avec des déclarations atténuées de 30 ou 40 %, on comprendra que les droits qui sont censés protéger nos tulles sont véritablement dérisoires, et n'ont d'utilité que pour le gouvernement qui les oppose sans cesse à nos réclamations les mieux fondées.

C'est, du reste, ce que j'avais fait observer dans l'enquête de 1860, bien qu'à ce moment je ne possédasse pas les documents exacts qui m'ont permis de dresser le tableau qui précède.

On nous objectera peut-être que les tableaux de notre mémoire de mars 1868 avaient pour base des prix de coton exceptionnellement dispropo tionnés en France et en Angleterre. Mais il n'en est pas moins certain qu'il y a toujours une différence de prix assez considérable entre les cotons français et anglais, différence qui tient à plusieurs causes, que je n'ai pas mission de signaler.

L'objection ne nous touche donc pas, et nous persistons à soutenir qu'un droit protecteur de 25 à 30 % n'a rien d'exagéré.

Voici, en effet, une nouvelle démonstration Prenons

pour base la valeur du coton français (toujours en mars
1865) , déduisons les droits qui paient à l'entrée les
filés anglais , les 30 p. % sur la façon et les frais généraux et nous trouvons les résultats suivants :

N° du Tableau.	Valeur des Cotons français	Droits d'entrées des Cotons à déduire.	Façon et frais généraux en Angleterre.	Valeur du Tulle anglais.	Différence entre les Tulles anglais , représentant les droits à imposer à l'entrée en France.	Prix de la pièce de Tulle français.
1	60,38	7,44	12,68	65,62	19 °/₀	78,08 au lieu de 78,49
2	174,55	13,95	42,77	203,27	16 °/₀	235,90 — 235,65
3	194,89	19,98	54,57	220,18	19 °/₀	273,05 — 272,84
4	231,38	22,50	88,49	347,37	17 1/2 °/₀	408,15 — 467,79
3	266,95	17,85	124,76	373,66	19 °/₀	414,65 — 444,90
6	263,22	17,61	122,84	368,45	19 °/₀	438,45 — 438,70

On remarquera que , dans les prix ci-dessus , nous
n'avons fait entrer ni amortissement , ni bénéfice, que,
cependant , cela est indispensable , et que, par conséquent , un droit protecteur de 25 à 30 p. % serait par-
faitement justifié.

Une cause de dépréciation pour les tulles français ,
que nous ne pouvons combattre efficacement, mais qui
par cela même, rend d'autant plus nécessaire l'établis-

sement d'un droit protecteur considérable, ce sont les *ventes des soldes*.

Pour maintenir leurs prix sur leurs marchés, les fabricants de tulles anglais lorsqu'ils ont emmagasiné trop de marchandises, en vendent à bas prix une partie en France.

Ces *soldes* jettent la perturbation dans notre industrie en abaissant immédiatement les prix de notre marché.

Il est du reste notoire que les Anglais ont un prix d'*exportation*, prix inférieur à celui de leurs marchés et cela tant pour les filés que pour les tissus.

On nous dit, je le sais, avec un dédain vraiment commode, que si les fabricants de tulles français ne peuvent supporter l'introduction de *quelques millions* de marchandises étrangères, leur industrie ne mérite pas de vivre. Nous avons à peine besoin de répondre à une objection aussi légère. Nous vivons honnêtement d'un travail qui fait lui-même vivre bon nombre d'ouvriers ; nous ne voyons pas pourquoi nous serions les victimes d'une fantaisie gouvernementale.

Qu'a-t-on gagné à l'avilissement des prix des tulles ? Rien , si ce n'est d'obliger le fabricant à produire des tulles d'une qualité bien inférieure ; contraint d'employer des cotons simples , il ne produit que des tulles sans solidité. L'acheteur y trouve t-il son compte ? Evidemment non. Le fabricant ? Pas davantage , il ne fait pas de bénéfice. L'ouvrier ? Encore moins , l'emploi de matières de mauvaises qualités lui impose un surcroit de travail et le rebute bientôt.

Il n'est pas une personne au fait de l'industrie des tulles qui ne blâme un pareil genre de fabrication , et qui ne déplore la disparition de ces tulles français d'une si excellente qualité et d'une réputation si bien établie.

Et le mal ne nous frappe pas seuls : consultez les filateurs , et ils vous diront que , pour nous fournir des cotons au même prix que les filateurs anglais , ils sont contraints d'employer pour les numéros 200, 220 , etc. , des laines avec lesquelles ils n'auraient pas voulu , avant 1860 , filer les numéros 140 à 160.

Nous persistons donc dans les conclusions de notre mémoire de 1868 , et nous réclamons énergiquement la substitution d'un droit *spécifique* au droit *ad valo-rem* qui est censé nous protéger. Et voici sur quelles bases et par quels moyens le droit spécifique pourrait , selon nous , être établi.

Manière de procéder pour établir le droit spécifique.

Les droits *ad valorem* étant sans efficacité , nous voudrions leur voir substituer le droit spécifique calculé sur la longueur métrique du kilogramme de coton employé dans la fabrication des tulles unis.

Pour arriver à établir la quotité de ce droit , qui devrait varier suivant la finesse du coton employé, la déclaration en douane devrait être faite de la manière suivante :

1º La douane exigerait un certificat d'origine ;

2º Elle exigerait le numéro des pièces , leur métrage et leur largeur par catégories séparées de tulles identiques ;

3º L'importateur devrait déclarer le poids , le nombre et le métrage total des pièces importées de chaque catégorie ;

4º La douane mesurerait, moyennant une rétribution payée par l'importateur ou l'acheteur, la largeur métrique au kilog des cotons employés.

Voici, *à titre de renseignements*, un tableau des tarifs établis à raison de 15 p. % sur le prix coûtant en Angleterre, sans escompte, des tulles bobins écrus (tulle en 12 mouvements).

Tulle bobin mesurant au kilog de	50,000 à 60,000	au kil. de tulle
» »	60,001 à 70,000	
» »	70,001 à 80,000	
» »	80,001 à 90,000	
» »	90,001 à 100,000	
» »	100,001 à 110,000	3 fr 60
» »	110,001 à 120,000	4 40
» »	120,001 à 130,000	5 40
» »	130,001 à 140,000	6 60
» »	140,001 à 150,000	7 80
» »	150,001 à 160,000	9 20
» »	160,001 à 170,000	10 40
» »	170,001 à 180,000	11 80
» »	180,001 à 190,000	13 00
» »	190,001 à 200,000	14 40
» »	200,001 à 210,000	
» »	210,001 à 220,000	
» »	220,001 à 230,000	etc. proportionnellement
» »	230,001 à 240.000	
» »	240,001 à 250,000	
» »	250,001 à 260,000	

Les tulles bobins blanchis ou teints paieront en plus 30 % du droit appliqué au tulle écru.

Les tulles bruxelles (tulles en 20 mouvem[ts]) paieront 30 % au plus du droit applicable aux tulles bobins écrus.

Pour obtenir le numéro mille mètres de coton procéder comme suit :

Prendre le nombre de fils en chaîne et en trâme, y ajouter le nombre de mailles augmenté de 85 % (pour embuvage) multiplier le nombre obtenu par la largeur en centimètres, et enfin ce dernier nombre par le nombre de mètres de la pièce. En divisant le chiffre obtenu par le poids on trouve le numéro métrique au kilog.

EXEMPLE.

Fil en chaîne et en trame au centimètre. | Mailles au centimètre augmenté de 85 %. | Largeur de la pièce. | Longueur de la pièce. | Poids de la pièce.

$$22 + 12,02 \times 3^m \times 37^m \div 2^k 600 = 145,240$$

Nombre de 1,000 mètres au kilog de Tulle.

Valeur du kilog. de Coton. | Façon, frais généraux, etc. au kilog. de Tulle. | Valeur du kilog. de Tulle. | Droit protecteur. (*supposé*) | Au kilog. de Tulle.

$$27^{fr} + 21^{fr} 65 = 48^{fr} 65 \text{ à } 15^{fr} \% = 7^{fr} 30$$

Pour la catégorie de 145,000 mètres au kilog de Tulle

Tous les tulles présentés à l'importation qui ne réuniraient pas les conditions exposées plus haut se verraient refusés ou bien on pourrait, en les admettant , leur appliquer une forte amende équivalant à la moitié de leur valeur.

Pour toutes les déclarations atténuées, la préemption serait remplacée par une amende équivalant à la moitié de la valeur réelle de la marchandise et par l'interdiction à celle-ci du territoire français. Nous demandons l'amende et non pas la saisie, parceque la saisie est nécessairement suivie d'une vente à vil prix et a pour résultat de mettre dans la circulation les marchandises qu'on voulait précisément en bannir.

Pour stimuler le zèle des employés de la douane on leur abandonnerait la moitié des amendes.

Trois bureaux seulement devraient être ouverts pour l'entrée des tulles en France, un à Calais , un autre à Lille et un troisième à Paris. Nous désignons ces trois villes , parceque ce sont les seules où l'administration puisse trouver des experts compétents. Partout ailleurs, l'administration ne peut confier des expertises qu'à des négociants , lesquels ont justement intérêt à ce que les tulles anglais s'introduisent en France au meilleur marché possible et par conséquent à fermer les yeux sur les atténuations frauduleuses.

Un tableau de tous les spécimens de tulles unis pourrait être établi dans chacun des trois bureaux de la douane ; ce tableau contiendrait toutes les indications de la nature à rendre faciles aux douaniers les comparaisons qu'ils auraient à faire.

Assurément, ce ne seraient point là des droits prohibitifs même établis à 30 %, eu égard aux droits que nous payons sur les filés et aux frais de premier établissement si considérables que nécessite notre industrie. Nos métiers coûtent excessivement cher à établir et notre industrie n'est pas protégée davantage que celles dont le matériel est moins coûteux et dont les produits ont plus de valeur que les nôtres. Nous ne demandons pas la prohibition ; nous acceptons la lutte, mais la lutte à armes égales, et cette égalité de forces, c'est une protection efficace qui seule nous la donnera. Qu'on n'oublie pas dans les conseils d'un gouvernement qui se proclame démocratique, l'origine *démocratique* de notre industrie, qu'on n'oublie pas que, chez nous, les patrons ont commencé avec peu , et qu'ils ne sont, arrivés à leur modeste fortune qu'à force de courage , de luttes et d'économies.

Qn'on ne perde pas de vue surtout que, chaque jour, nos rangs s'éclaircissent , que nous étions en 1860 220 , et que nous ne sommes plus aujourd'hui que 90.

Qu'on songe enfin que ce serait une étrange façon de sauvegarder les intérêts des consommateurs français, que de les rendre par notre ruine tributaires de l'Angleterre.

Par toutes ces considérations je conclus donc en demandant :

1° La dénonciation du traité de commerce de 1860 conclu avec l'Angleterre ;

2° L'établissement du droit spécifique au lieu du droit *ad valorem* et sur la base d'au moins 30 p. %.

3° Un contrôle effectif de la part de la douane.

A. BAILEY.

Douai , le 29 octobre 1869.

Nous, soussignés, délégués des fabricants de tulles du département du Nord, adhérons entièrement aux deux mémoires et conclusions de notre Président, M. Bailey

Paris, le 29 octobre 1869.

Ont signé :

L. Tofflin, Ledieu René, David et Duruisson.

Nous publions, à titre de renseignements, les statistiques de la fabrication des Tulles bobin en Angleterre en 1836 et en 1869.

EXTRAIT DU RAPPORT DE M. FELKIN , DE NOTTINGHAM

(Janvier 1836).

Le nombre de métiers est aujourd'hui de 3,712 , soit environ 1,200 en moins qu'en 1833.

Cette réduction provient de la démolition d'environ 600 métiers , de la construction de métiers larges avec deux étroits , et de l'exportation d'un certain nombre.

Le nombre d'ouvriers tullistes est de 5,868 , soit environ 1,500 en moins qu'en 1833.

Le nombre de propriétaires de métiers est de 837 , en 1831 ce nombre était de 1382.

Il existe 29 ou 30 fabriques avec moteurs et 40 sans moteurs. De ces 3,712 métiers, 165 sont arrêtés pour être modifiés , 3,547 travaillent :

1,425 pour fabriquer les tulles Bobin laizes.
1,122   —   —   bandes unis.
1,000   —   —   les nouveautés.

En 1833 et 1834 les prix des tulles se sont tellement abaissés , qu'il y a eu une panique générale , et c'est à partir de ce moment que 5 à 600 métiers étroits et d'une production lente ont été démolis , et d'autres convertis en larges métiers. — L'adaptation de ces métiers larges à la production de nouveaux articles donnant des bénéfices plus considérables , est la cause qu'il ne s'est presque jamais vendu de ces nouveaux et larges métiers.

La qualité moyenne de la fabrication est d'environ 3 racks (940 mailles) au yard (91 centimètres).

La largeur moyenne des pièces est de 3 mètres (9/4 et 1/6).

Les heures de travail sont de 13 dans certains districts , et de 18 à 20 dans d'autres. Il y a presque 3 ouvriers pour faire fonctionner les métiers à main.

Le tulle produit dans cette dernière année par la moitié des métiers à rotation , anciens et lents , en articles laizes est de. . . . . 200 racks par semaine.

L'autre moitié des métiers à rotation nouveaux et plus accélérés , en *articles laizes* de	300	—	—
Les métiers fabricant l'article bandes est de. . . .	225	—	—
Les métiers fabricant l'article fantaisie.	200	—	—
Les métiers Leavers articles bandes.	150	—	—
Les métiers Leavers articles fantaisies.	140	—	—
Les métiers circulaires articles laizes.	200	—	—
Les métiers circulaires bandes et fantaisies.	180	—	—
Les métiers Pushers . .	100	—	—
Les métiers traverse Warps	110	—	—

50 semaines de travail par an.

La production en écru calcu'ée *en 12 quarts* a été pour les tulles unis en laizes. . 14,722,593 racks.

Articles bandes . . . . . 7,352,332 —

Tulles fantaisies. . . . . 7,087,415 —

Total de racks fabriqués. . 29 162,340 racks

Qui ont produit la valeur de :

Les tulles en laizes. . . . 523,157 liv. st.

Articles bandes. . . . . 855,103 —

Tulles fantaisies. . . . . 491,678 —

Valeur en écru. . . . . 1,369,938 liv. st.

Soit 34 millions 248 mille 450 francs.

Ces 29,162,340 racks égalent à 28 millions 740,674 yards carrés.

En 1812, le tulle d'une qualité moyenne se vendait 40 shillings le yard carré.

En 1830, ce même article se vendait 10 pences.

En 1812, le coton nº 200 se vendait 40 shillings la livre.

En 1835, le coton nº 200 se vendait 12 shillings la livre.

Une dentellière peut produire 4 à 5 mailles à la minute.

Les métiers anciens peuvent produire 1,000 mailles à la minute.

Les métiers actuels peuvent produire 30,000 mailles à la minute.

En 1833, par suite du trop plein dans la production, il s'est vendu des tulles pour peu au-dessus de la valeur du coton employé.

En 1835, 100,000 livres sterling ont été payées pour le coton filé, et 300,000 liv. st. distribuées en salaires, frais généraux et bénéfices.

Depuis quelques temps, le Jacquart est adapté aux métiers, et tout fait espérer que de grands résultats en seront obtenus. — Déjà quelques métiers font des broderies qui surpassent les dessins de la dentelle. Il a fallu pour filer le coton employé pour tulles, en 1835, 1 million 850,000 livres de coton laine, Sea Island, dont la valeur est de 185,000 livres sterling.

Il a été employé pour 25,000 liv. st. de soie brute, qui étant filée et doublée valait 40,000 livres.

Il a été employé 1,210,000 liv. de cotons filés comme suit :

Nᵒˢ	130,	140,	150,	160,	170
Livres,	6,000,	14,000,	75,000,	100,000,	120,000,
Nᵒˢ	180,	190,	200,	210,	220,
Livres	350,000,	252,000,	220,000,	65,000,	10,000

dont la valeur s'élève à liv. st. **624,330** auxquels il faut ajouter les **40,000** l. st. de soie ce qui donne liv. sterl. 664,330 (16,600,000 francs) de matières premières.

La valeur nette du tulle écru étant de 1,369,938 liv. st.

La valeur des matières (coton et soie) employées de. 664,330

Il reste donc 750,608 liv. st. pour salaires, frais généraux et bénéfices répartis.

Les blanchissage, apprêt, confection, etc., de 300,000 pièces ont coûté 41,000 liv. st.

Le montant des ports payés pour les marchandises 11,000 liv. st.

Les ventes pour la consommation intérieure sont estimées comme suit :

Pour les art. unis en laize l. st.	320,000	1,110,000 l. st.
Pour les articles bandes	210,000	ou
Pour les articles fantaisies	580,000	27,750,000 fr.

Pour l'exportation :

Articles laizes unis . . l. st.	340,000	1,102,000 l. st.
Articles bandes . . .	282,000	ou
Articles fantaisie. . .	480,000	27,550,000 fr.

Les salaires des ouvriers tullistes varient de **12** à **35** shillings par semaine.

En 1833, 1834 et 1835, il s'est formé, à Nottingham, un comité qui était chargé d'empêcher l'exportation d'aucun métier à tulle et même d'aucune pièce mécanique.

Le fait le plus remarquable qui a rapport à l'histoire du tulle Bobin durant ces trois années, c'est l'exclusion *presque* complète du tulle anglais du marché français, par des régulations fiscales, qui augmentent les frais du fraudeur de 50 *pour cen'*, et, par conséquent, rendent la prohibition effective. Les manufacturiers de Nottingham, dans un mémoire adressé au Gouvernement, *ont offert de consentir* à un échange *réciproque* de tulle entre les deux pays. La politique de la France continue à être prohibitioniste. Un autre mémoire, demandant qu'une protection de 30 % soit établie, qui étant *praticalement* opérée, rendrait la fraude *plus difficile*, les primes n'étant plus que de 5 à 7 %.

Statistique de la fabrication des Tulles unis en Angleterre en 1869.

Le nombre de métiers existant à Nottingham
et aux environs est de 600
dont 300 travaillent la soie tulle uni.

Les métiers single tier sont au nombre de . 200
A Barnstaple il en existe 92
A Tiverton   —   169
A Chard   —   259
A Derby   —   160

Total.   1,480

De ces 1,480 métiers 30 font du tulle soie broché
commun , 300 uni soie ; le restant (sauf quelques-uns
à Derby qui fabriquent le tulle Mecklin en soie) fait du
tulle uni en coton.

Il y avait donc en Angleterre environ 1,500 *larges*
métiers fonctionnant presque tous et dont la majeure
partie fabrique le tulle uni coton ; ce nombre de 1,500
correspond à peu de chose près à celui que nous avions
recueilli en 1860.

Quelle différence entre cette statistique et celle que donnait M Henri Loyer dans son rapport à la Chambre du commerce de Lille en 1868 ! ! !

Le nombre des métiers se maintient en Angleterre, tandis qu'en France il se trouve réduit depuis 1860 de 790 à 250.

A. BAILEY.

18 janvier 1869.

Il résulte donc de cette statistique (de 1836) comparée à celle de janvier dernier, que la fabrication des tulles unis en Angleterre n'a pas diminué, au contraire, les 1,480 métiers, actuellement existant en Angleterre étant de la largeur de 180 à 220 pouces, les 2,547 qui existaient en 1836, n'étant que de 90 à 112 pouces au plus, il résulte que :

1,480 métiers de 200 pouces représentent 296,000 } pouces.
2,547 — 100 — 254,700 }

La différence est de 31,300 pouces, soit environ 16 métiers en plus de 200 pouces en 1869 qu'en 1836.

La production des métiers anglais, en 1835, était en moyenne de 300 racks par semaine, par chaque métier, sur 3 mètres de largeur. En 1869, la production est de 5 à 600 racks sur 6 à 7 mètres de largeur, c'est-à-dire le double.

Le tulle qui se vendait à Nottingham, en 1836, à 10 pences (1f25) le rack alors que le coton nº 200 valait 12 shillings la livre (15 francs), se vend actuellement en France à 70 centimes, et le coton nº 200 vaut 17 fr. la livre.

Il résulte aussi que déjà, en 1836, les Anglais acceptaient la lutte avec les fabricants français avec 30 % de droits.

Douai. — Imprimerie DUTHILLŒUL et LAIGLE.

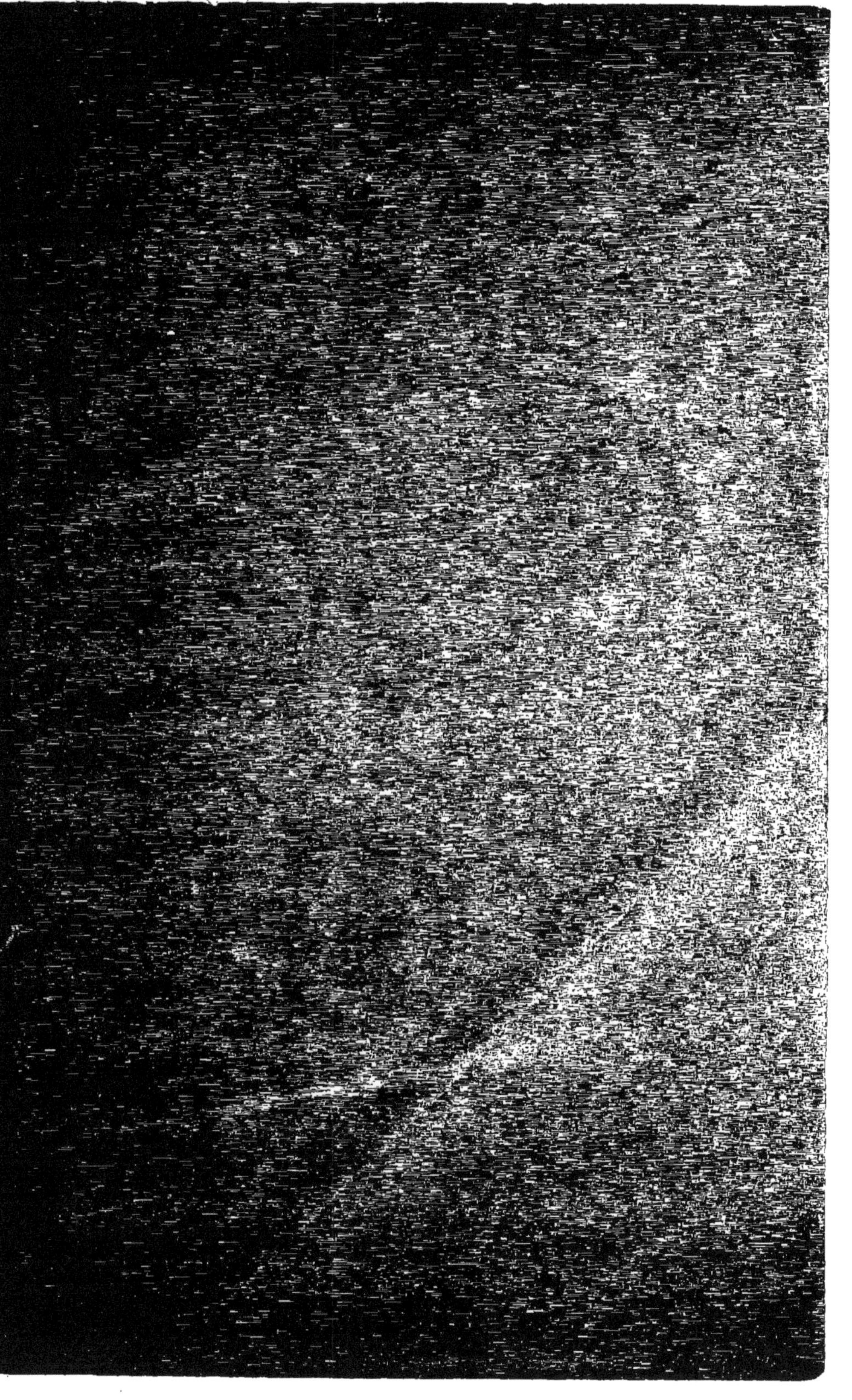